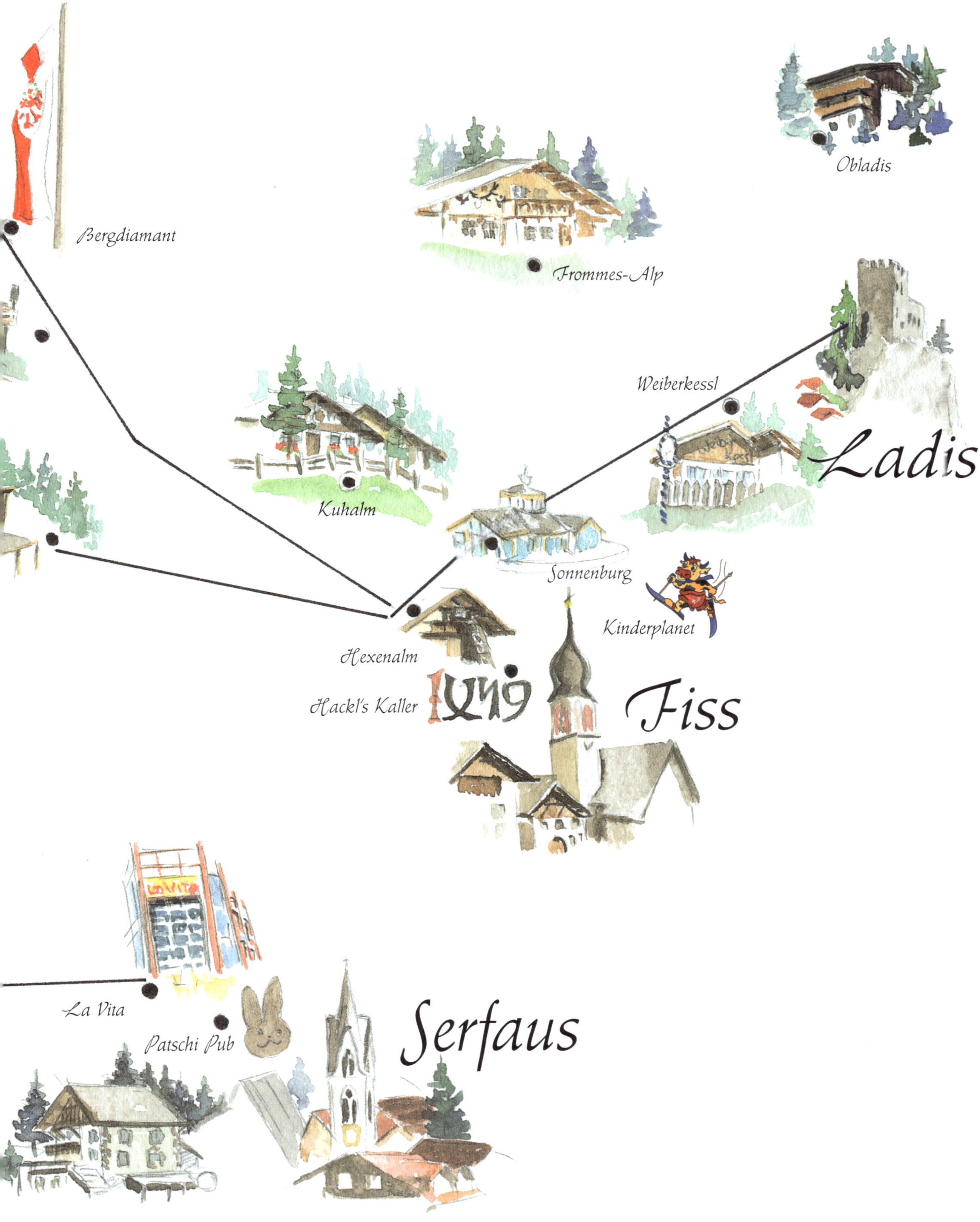

Obladis
Bergdiamant
Frommes-Alp
Weiberkessl
Ladis
Kuhalm
Sonnenburg
Kinderplanet
Hexenalm
Hackl's Kaller
Fiss
La Vita
Patschi Pub
Serfaus

Anja Kornmann · Petra Michel
Skizzen: Klaus Kornmann

Kulinarische Hüttenwanderung Serfaus · Fiss · Ladis

Streifzug durch das Obere Gericht in Tirol

Inhalt

Fiss

Ladis

Vorwort

Im Juli 2004 sind wir das erste Mal gemeinsam in Fiss und haben unser eigentliches Projekt, ein Kochbuch, im Gepäck. Der Plan ist, ein paar typisch österreichische Gerichte zu kochen und zu fotografieren. Wir verbringen eine traumhafte Woche, wandern durch die herrliche Berglandschaft, genießen das Panorama und die Schmankerln aus den Hüttenküchen. Bei Heike und Hannes in der Biopension Alpenheim kochen wir die Tiroler Spezialitäten von Kasspatzln über Knödel bis zum Kaiserschmarrn nach und fotografieren sie.

Wieder daheim in Frankfurt angekommen, lassen wir unsere Reise Revue passieren und sind schnell einer Meinung:
Die Region hat soviel Schönes zu bieten, das wollen wir alles zu Papier bringen!
So beschließen wir, ein Buch über die kulinarischen Köstlichkeiten, Wanderwege, Skiabfahrten und kleinen Besonderheiten der Hütten in Serfaus, Fiss und Ladis zu schreiben. Schon zwei Wochen später sind wir wieder auf dem Plateau und beginnen mit der Arbeit. Viele Hüttenwirte sind sofort mit Begeisterung dabei und unterstützen uns tatkräftig. Im Sommer wandern wir von Hütte zu Hütte, im Winter machen wir uns mit den Skiern auf den Weg. Wir sammeln Rezepte, Tipps für Wanderungen und Abfahrten, fotografieren und schreiben unsere Eindrücke auf.

Wir haben eine spannende Zeit in Serfaus, Fiss und Ladis erlebt und fühlen uns sehr verbunden mit der Region. Wir möchten Ihnen, unseren Lesern, die Schönheit des Sonnenplateaus zu allen Jahreszeiten und die Spezialitäten der Hütten näher bringen. Folgen Sie uns auf unserer kulinarischen Hüttenwanderung! Wir wünschen Ihnen viel Spaß beim Schmökern und viele Anregungen für Ihren nächsten Besuch in den Bergen.

Petra und Anja

Grußwort

Was ist der Erfolgsfaktor unserer traditionellen Küche?

Es ist soweit. Die »Kulinarische Hüttenwanderung« von Petra Michel und Anja Kornmann lädt ein zum Wandern, zum Essen und zum Kochen.

Die beiden Autorinnen haben mir im Herbst 2004 zum ersten Mal erzählt, dass sie ein Kochbuch mit kulinarischen Rezepten vom Sonnenplateau Serfaus-Fiss-Ladis schreiben. Spontan habe ich ihnen zwei meiner »best-of-Rezepte« und meine Unterstützung zugesagt. Als ehemalige Gastronomin (ehemaliges Bergrestaurant Schönjoch 2.436 Meter) fiel es mir leicht, meine Kollegen für weitere Beiträge in diesem Buch einzuladen. Freuen Sie sich auf ein breites Spektrum kulinarischer Verführungen.

Den Kochenden unter Ihnen sei verraten, dass das Besondere unserer traditionellen Küche nicht im kunstvollen Dekorieren kleiner Häppchen auf großen Tellern liegt. Der Erfolgsfaktor liegt stattdessen in der Kombination der Lebensmittel und der Art und Weise, Gutes geschmackvoll zuzubereiten. Deshalb bitte ich Sie, trotz der Rezepturen ein wenig Experimentierfreude zu wagen. Das Ergebnis meiner Experimente finden Sie in den Rezepturen der »Tiroler Gerstlsuppe« und der »Tiroler Kalbsleber«.

Ich wünsche Ihnen und Ihren Gästen »a gsunde Mahlzeit«!

Christine Schranz

Tiroler Gerstlsuppe

1 Zwiebel
1 Karotte
1 kleines Stück Sellerie
1 Stange Lauch
30 g Bauchspeck
40 g Selchroller (geselchtes Schweinefleisch im Netz)
neutrales Pflanzenöl zum Anbraten
70 g Rollgerste (Graupen)
etwa 6 l Rinderbrühe
Salz, Pfeffer
frischer Schnittlauch

Zwiebel, Karotte, Sellerie und Lauch schälen und fein schneiden. Bauchspeck und Selchroller ebenfalls zerkleinern.

Fett in einem großen Kochtopf erhitzen und die Zwiebel zugeben. Das restliche Gemüse, den Bauchspeck und Selchroller zufügen und kräftig anbraten. Dann die Rollgerste in den Topf geben und mit etwa der Hälfte der Rinderbrühe aufgießen.

Das Ganze zum Kochen bringen, dann auf kleine Garstufe zurückdrehen und die Suppe etwa eine Stunde köcheln lassen.

Da die Rollgerste während des Kochens aufgeht und die Suppe sehr dick wird, immer wieder mit der Brühe nachgießen.

Zum Schluss mit Salz und Pfeffer würzen und mit viel Schnittlauch bestreuen.

Tiroler Kalbsleber

500 g frische Kalbsleber
Butterschmalz zum Anbraten
Mehl zum Wenden
Salz, Pfeffer
frischer Majoran
etwas Fleischfond
Sahne

Die Leber gut waschen, abtropfen lassen und in dünne Scheiben schneiden.

In einer Stielpfanne Butterschmalz erhitzen, die Leber in Mehl wenden und in das heiße Fett geben. Von beiden Seiten anbraten.

Die gebratene Leber mit Salz, Pfeffer und Majoran würzen. Die Leber aus der Pfanne nehmen und aus dem Bratensatz mit etwas Fleischfond und Sahne eine Sauce zubereiten.

Dazu gibt es Butterreis, gebratene Apfelscheiben und Preiselbeeren.

Serfaus
stellt sich vor

MURMLIS
KINDERBAHN

Kulinarisches aus den Bergen

Das Sonnenplateau mit seinen Dörfern Serfaus, Fiss und Ladis gehört zweifellos zu den landschaftlich und kulturgeschichtlich eindrucksvollsten Gegenden des Oberinntals. Es weist eine uralte Besiedelung auf. Einstmals Bergbauerndörfer, heute bekannte und beliebte Tourismusorte, eine ausgesprochene Ski- und Wanderregion mit gemütlichen Berghütten und Restaurants, Lokale, die zum Einkehren einladen.

Dieses Buch beschreibt nicht nur den Weg dorthin wie ein Wanderführer, es beinhaltet auch traditionelle Gerichte nach alten Rezepten, die speziell in dieser Region und in den einzelnen Hütten, Restaurants und Lokalen angeboten werden.

Überzeugen Sie sich selbst von unserer Esskultur und den Spezialitäten, die von Generation zu Generation weitergegeben wurden, die eine lebendige Verbindung zu den Menschen unserer Region sind. Wollen Sie sie einmal kennenlernen, machen Sie Urlaub bei uns.

Andernfalls viel Freude, Spaß und schöne Stunden zu Hause bei der Zubereitung der in diesem Buch präsentierten Köstlichkeiten

wünscht Euch der Bürgermeister von Serfaus

Georg Mangott

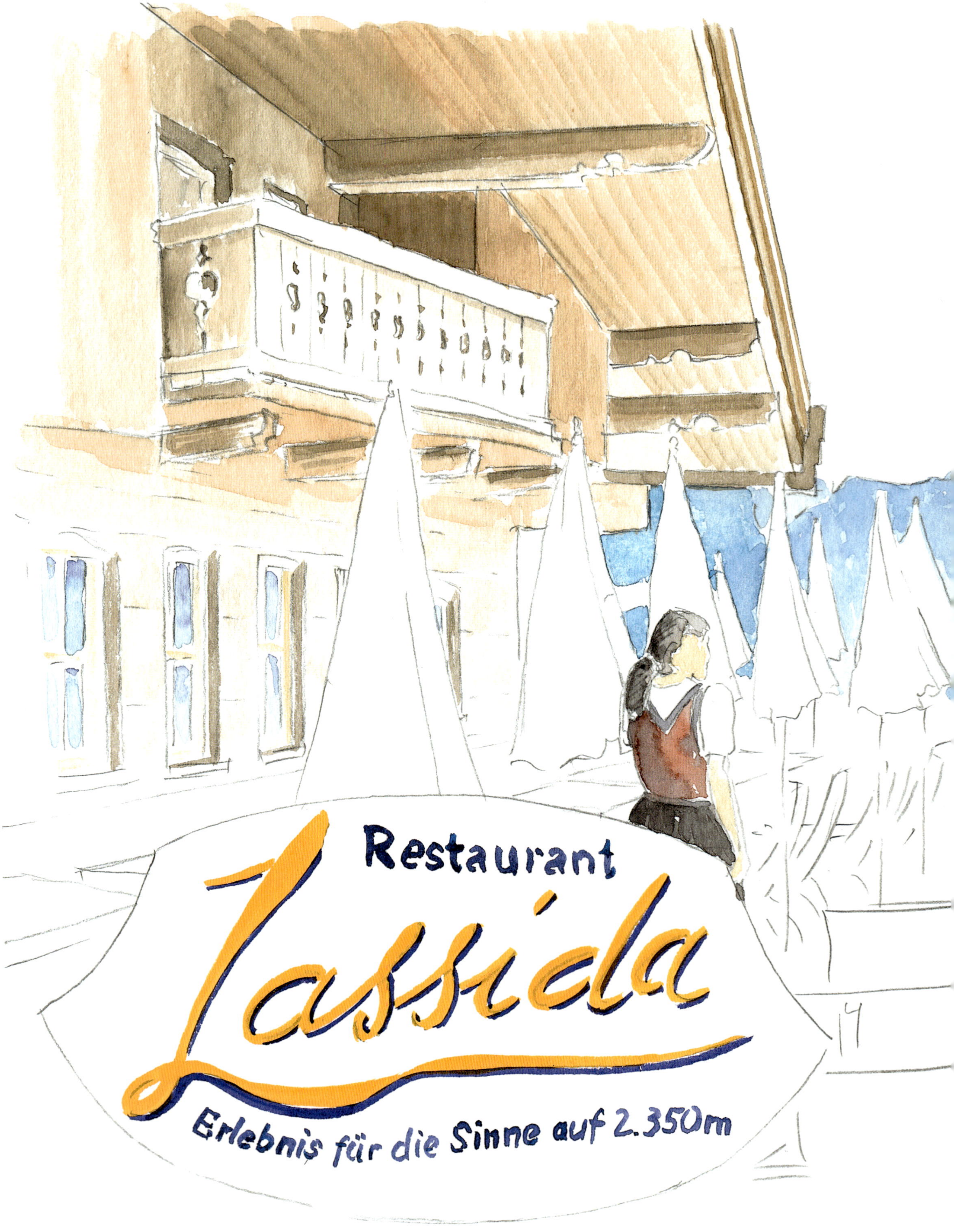
Restaurant
Lassida
Erlebnis für die Sinne auf 2.350m

Lassida 2.350 m

Tief Luft holen

Die Höhe des Bergrestaurants Lassida ist beeindruckend. Als wir im bereits anbrechenden Herbst mit der Gondel nach oben fahren, ist es schon recht frisch. Zum Glück sind wir gut ausgerüstet mit festem Schuhwerk, Pullover und Windjacke. So setzen wir uns in zwei der Liegestühle auf der Sonnenterrasse des Restaurantdaches und genießen das gewaltige Panorama in den noch wärmenden Sonnenstrahlen. Hinter uns surren unermüdlich die Gondeln nach oben.

Im Original mit Holz befeuerten Steinofen wird knusprige Pizza gebacken. Nur wenige Minuten nach der Bestellung ist die frische Pizza auch schon auf dem Teller. Unser Favorit ist die Hütten-Pizza, belegt mit kräftigem Almkäse, Speck, Kapern und Zwiebeln.

Der doppelt gebackene Almkäse mit gemischtem Salat ist sehr zu empfehlen. Auf dem Salatbett mit Balsamico-Dressing türmen sich die kräftig schmeckenden, krossen Käse-Sticks.

Der Almkäse wird zweifach gebacken und bekommt so die knusprige Hülle

Kaiserschmarrn

Für 4 Personen

4 Eier
2 Päckchen Vanillezucker
200 g Mehl
250 ml Milch
Butter oder Butterschmalz zum Braten
Puderzucker

Eigelb und Eiweiß trennen. Das Eiweiß steif schlagen. Eigelb mit Vanillezucker verrühren, dann langsam abwechselnd Mehl und Milch zugeben. Zum Schluss das geschlagene Eiweiß unterheben.

Butter (oder Butterschmalz) in einer Pfanne zerlaufen lassen. So viel Teig hinein geben, dass der Pfannenboden gut bedeckt ist.

Wenn der Pfannkuchen von unten leicht gebräunt ist, einmal wenden und vorsichtig mit zwei Gabeln zerpflücken.

Etwas Puderzucker drüber stäuben, dann karamellisiert er leicht mit.

Den fertigen Kaiserschmarrn auf einen vorgewärmten Teller oder in eine zweite warme, leicht gefettete Pfanne geben und weiterhin warm halten.

In der Zwischenzeit die restlichen Pfannkuchen backen (ergibt 3 große oder 4 kleine).

Zum Schluss alles mit Puderzucker bestäuben und in der Pfanne oder auf einzelnen Tellern servieren.

Duftender Kaiserschmarrn am knisternden Kaminfeuer – Hüttenromantik pur

Ganz neu ist ein großer Spielplatz für die Kinder. Dort können sich die Kleinen in Blickweite der auf der Terrasse sitzenden Eltern austoben. An manchen Tagen schaut sogar das »Murmli«, das Serfauser Kindermaskottchen, beim Bergrestaurant Lassida vorbei.

Die Einkehr im Lassida ist an einem anstrengenden Skitag genau das Richtige. Hier kann man wunderbar ausspannen, die Seele baumeln lassen und den Blick in die herrliche Schneelandschaft genießen.

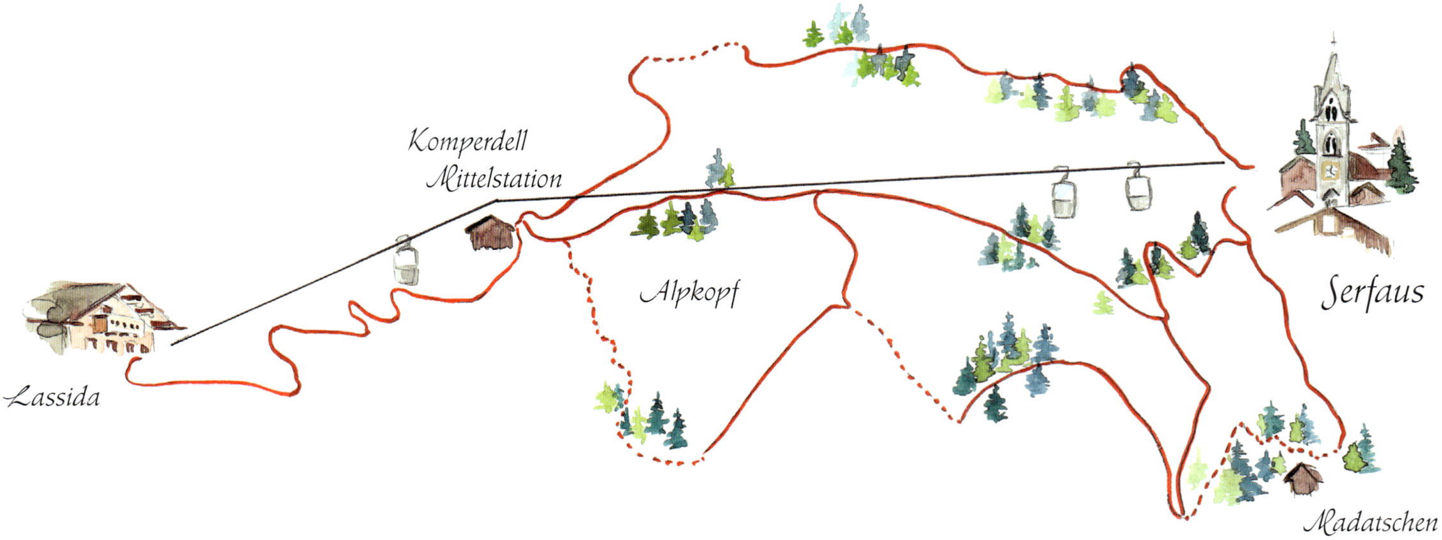

So kommen Sie zum Lassida:

Das Lassida ist direkt an der Bergstation der Lazidbahn gelegen und eignet sich hervorragend als Ausgangs- bzw. Endpunkt zahlreicher Wandertouren. Man kann sich von hier zum Beispiel auf den Rundwanderweg zum Furgler über Furglersee und Tiefental-See begeben. Je nach Wegwahl ist man zweieinhalb bis dreieinhalb Stunden unterwegs. Wer zum Hexenkopf aufbrechen möchte, sollte über gute Trittsicherheit verfügen und dreieinhalb bis vier Stunden einplanen.

Kontakt:

Restaurant Lassida
Serfaus

Tel.: 0043-5476-6203500
info@skiserfaus.at
www.serfaus-fiss-ladis.at

Schalber Alm 1.900 m

Gourmet-Alm am Komperdell

Aus der Komperdell-Gondel an der Mittelstation aussteigend, sehen wir schon vom Weg aus die Schalber Alm mit ihrer schönen Terrasse liegen. Wir kehren zum Mittagessen ein und stellen fest: Die 2-Hauben-Küche der Wellness-Residenz Schalber am Ortseingang von Serfaus setzt sich auf 1.900 m fort.

Marillen-Blechkuchen

12 Eier
500 g Butter
375 g Mehl
70 g Stärkemehl
250 g Puderzucker
250 g Zucker
Saft von 1 Zitrone
1 Prise Salz
2 Esslöffel Rum
750 g Marillen (Aprikosen)
200 g Marillenmarmelade
10 cl Rum
100 g geröstete Mandeln

Die Eier trennen. Butter schaumig schlagen, Puderzucker, Salz und Zitronensaft zugeben. Das Eigelb nach und nach einrühren. Das Mehl und Stärkemehl zugeben.

Eiweiß unter ständiger Zugabe von Zucker zu festem Schnee schlagen. Schnee unter die anderen Zutaten heben.

Den Teig auf ein gefettetes Backblech geben. Die Marillen halbieren und mit der Schnittfläche nach unten auf den Teig legen. Bei 180 Grad etwa eine Stunde backen.

In der Zwischenzeit die Marillenmarmelade mit dem Rum erwärmen. Die Mischung auf dem noch warmen Kuchen verteilen und mit den Mandeln bestreuen. Mit Puderzucker bestäuben.

Die urige Hütte lädt mit ihrem knisternden Feuer zum Verweilen ein

Schlutzkrapfen

Teig
1 kg mehlige Kartoffeln
400 g Mehl
5 Eigelb, 2 Eier
80 g Topfen
Salz, Pfeffer
Masse
500 g Kartoffeln
2 Stangen Lauch
300 g Spinat
200 g Topfen
100 g Sauerrahm
5 Eigelb, 3 Eier
150 g griffiges Mehl
80 g Grieß
Salz, Pfeffer
Knoblauch
Kümmel (ganz)
Liebstöckel (frisch)
100 g Butter
2-3 Zwiebeln zum Rösten
Schnittlauch

Für den Teig die Kartoffeln mit der Schale dämpfen, schälen und heiß pressen. Mehl, Eier, Eigelb, Salz, Pfeffer und Topfen unter die erkalteten Kartoffeln kneten. Teig auf einer bemehlten Arbeitsfläche ausrollen. Den Teig in gleich große Rechtecke unterteilen (Größe je nach Gusto).

Für die Spinat-Lauchmasse Kartoffeln mit der Schale kochen, schälen und heiß pressen. Kleingeschnittenen Spinat und Lauch in Butter dünsten. Die Kartoffeln mit der Spinat-Lauch-mischung, den Gewürzen und restlichen Zutaten schnell vermischen.

Die Masse auf die Rechtecke geben, die Rechtecke umklappen und die Ränder fest andrücken. In Salzwasser etwa 5 Minuten kochen.

In der Zwischenzeit die Zwiebeln in feine Ringe schneiden und kross anrösten. Die Schlutzkrapfen herausnehmen, auf dem Teller anrichten und mit brauner Butter überziehen. Mit den Röstzwiebeln und frischem Schnittlauch servieren.

Die Menge ist als Vorspeise ausreichend für 8 Personen, als Hauptspeise für 4-5 Personen.

Bei Speisen und Ambiente wird großer Wert auf Tradition gelegt

Mitten im Schneeparadies

Von der Schalber Alm genießen wir den traumhaften Rundblick auf die mit frischem Neuschnee bedeckten Berge. Wir beschließen, erst einmal einzkehren und in der gemütlich warmen Stube unseren Skitag zu planen.

Auch für Nicht-Skifahrer ist die Schalber Alm gut zu erreichen. Zu Fuß ist es von der Seilbahn aus nur ein kurzer Spaziergang durch den Schnee. Man kann dem Treiben auf den Pisten zuschauen und ist nur einen Sprung von der Kinderschneealm entfernt. Dort können schon Kinder ab drei Jahren das Skifahren lernen. Die Schalber Alm ist der ideale Treffpunkt für alle.

Mit ein bisschen Glück sieht man, wie sich die Murmeltiere am Hang hinter der Hütte im Schnee tummeln.

So kommen Sie zur Schalber Alm:

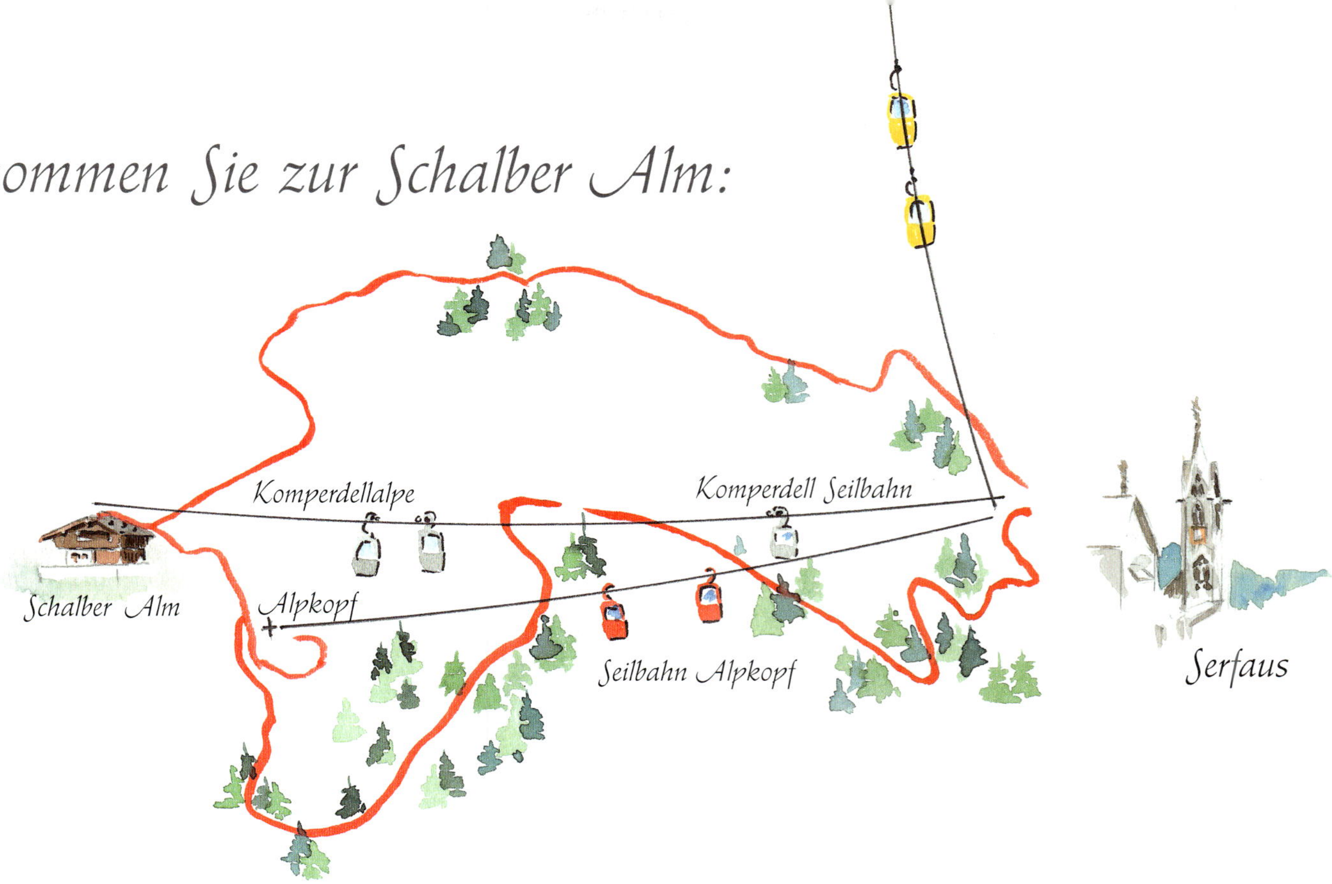

Für die ersten Tage in der Höhe eignet sich der Komperdellmarsch besonders gut. Dieser Rundweg beginnt in Serfaus an der Mühlbrücke und führt über Madatschen bis hoch zum Komperdell. Dort liegt die Schalber Alm mit ihrer schönen Sonnenterrasse und dem Streichelzoo am nördlichen Seeufer. Nach der Einkehr folgt man dem Wiesen- und Bifangweg bis hinab ins Dorf.

Der Weg führt vorbei an einem rauschenden Gebirgsbach und ist auch mit dem Kinderwagen befahrbar.

Durch ihre zentrale Lage an der Bergstation der Komperdellbahnen ist die Alm im Winter aus jeder Richtung und für Langläufer sowie Skifahrer jedes Könnens leicht zu erreichen.

Kontakt:

Schalber Alm
Serfaus
Alois Schalber

Tel.: 0043-5476-6770
info@schalber.com
www.schalber.com

Madatschen 1.512 m

Guata Sacha vom Grill

Immer wenn wir Appetit auf ein schön gegrilltes Stück Fleisch verspüren, kommt der Gedanke auf: Wir sollten mal wieder zu Madatschen gehen. Zu Fuß machen wir uns auf den Weg durch schattige Waldabschnitte und lichte Wiesen. Oben angekommen, treten wir in die gemütliche Gaststube ein, in der der Grillmeister schon kräftig eingefeuert hat.

Das saftige Fleisch stammt aus der Region, das Serfauser Berglamm bezieht Hüttenwirtin Annemarie aus der familieneigenen Schafzucht. Es wird auf dem offenen Grill frisch zubereitet.

Die Original Tiroler Wirtshausmusik sorgt für fröhliche, ausgelassene Stimmung – und manch einer singt auch mal ein Liedchen mit.

Knoblauchbrot

200 g Gouda
2 Eier
4 Knoblauchzehen
8-Kräutermischung
Majoran, Oregano
Salz, Pfeffer
8 Scheiben Toast oder
entsprechende Menge
Baguette
evtl. etwas Milch oder
Sahne

Knoblauchzehen schälen und fein hacken. Mit dem grob geraspelten Käse, den Eiern und Gewürzen gut verrühren. Sollte die Käsemasse noch zu fest sein, gibt man etwas Milch dazu. Das ungetoastete Brot mit der Crème bestreichen und im Backofen bei 180 Grad in wenigen Minuten überbacken.

Als Vorspeise ist das frische Knoblauchbrot zu empfehlen. Wir haben das Rezept zu Hause ausprobiert – es weckt Erinnerungen an Madatschen und schmeckt fast wie bei Annemarie.

Feines vom Grill mit Speckböhnchen, Ofenkartoffel und Maiskolben

Bei unserem Besuch im Sommer schwärmt Hüttenwirtin Annemarie von zauberhaften Winterlandschaften rund um Madatschen. So beschließen wir, im Winter wiederzukommen. Herrlich ist ein Ausflug mit der Kutsche durch den verschneiten Wald. Wie im Märchen ...

Während in der Stube der Akkordeonspieler für zünftige Stimmung sorgt, verbreitet die hereinbrechende Dunkelheit auf der Terrasse eine geradezu mystische Atmosphäre.

So kommen Sie zu Madatschen:

Der Weg zu Madatschen beginnt an der Mühlbrücke in Serfaus. Von dort aus ist er bereits ausgeschildert. Der Spaziergang führt über gut befestigte Wege, die auch für Kinderwagen geeignet sind, in einer Dreiviertelstunde bis zur Hütte. Schön ist auch die etwas längere Wanderung vom Komperdell über die Rodelhütte und das Observatorium durch den Wald bis hin zu Madatschen.

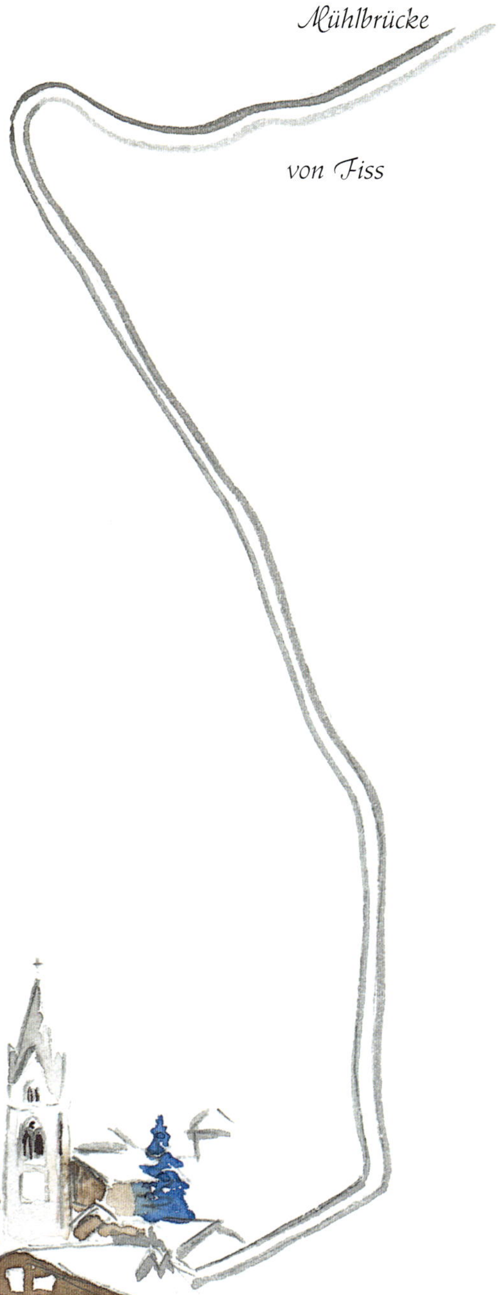

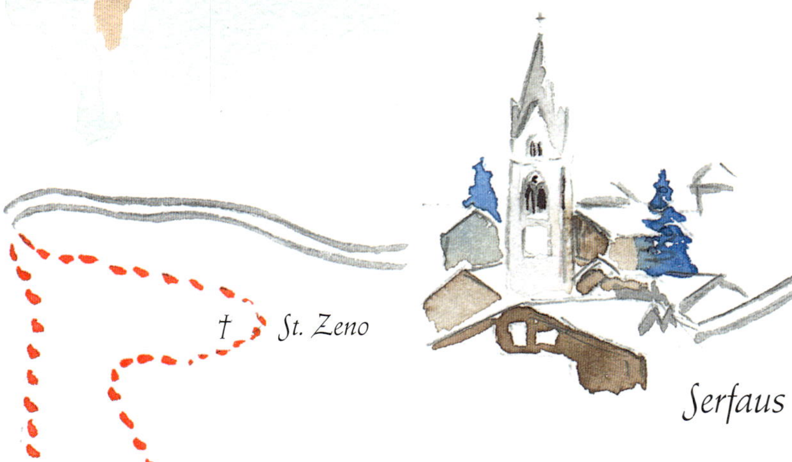

Kontakt:

Madatschen
Serfaus
Annemarie Geiger

Tel.: 0043-5476-6818
madatschen@hotmail.com
www.madatschen.at

Von der bunt bepflanzten Terasse schweift der Blick zur kleinen Kapelle

Skihütte Masner

Skitour zum Masner

Ein Jahr ist es nun her, dass ich mich auf die Bretter gewagt habe – und heute ist der Tag meiner ersten großen Skitour. Wir machen uns auf den über mehrere Pisten führenden Weg zur Skihütte Masner. Die Sonne scheint und der Schnee ist pulvrig, beste Voraussetzungen für einen herrlichen Skitag. Ein bisschen mulmig ist es mir schon angesichts der vielen Pistenkilometer, die mich erwarten. Aber das flaue Gefühl macht schnell der großen Begeisterung für die traumhaft schöne, außergewöhnliche Schneelandschaft Platz. Ich fühle mich wie in eine andere Welt versetzt.

2.450 m

Wer sich mit Skiern auf den Weg macht wird mit abwechslungsreichen Pisten jeder Couleur und einem wunderschönen Panorama belohnt. Schneebedeckte Berge und tiefe Täler wohin das Auge schaut, dazu eine herrliche Stille.

Auch den Nicht-Skifahrern wird das herrliche Panorama und die schöne Hütte nicht vorenthalten. Drei Mal in der Woche bringt sie der Masnerexpress bequem und ohne Anstrengung bis vor die Tür.

Wiener Schnitzel

4 Kalbsschnitzel
Salz
2 Eier
100 g Mehl
150 g Semmelbrösel
100 g Schweineschmalz
oder Öl

Schnitzel leicht klopfen und salzen. Eier auf einem Teller verquirlen, Mehl und Semmelbrösel ebenfalls auf Teller geben. Schnitzel in Mehl wenden. Überschüssiges Mehl abschütteln.

Schnitzel danach in die verquirlten Eier tauchen, abtropfen lassen und zuletzt in Semmelbröseln wenden.

Schweineschmalz oder Öl in einer großen Pfanne erhitzen. Das Fett muss so heiß sein, dass es zischt, wenn man einen Holzlöffel eintaucht.

Schnitzel in die Pfanne geben und auf jeder Seite goldgelb werden lassen. Die Pfanne während des Bratens öfter schwenken.

Der grüne Veltliner ist ein Genuss und passt hervorragend zum Schnitzel

Gleich drei Auszeichnungen hat die Masner Skihütte erhalten: den »Tiroler Niedrigenergiehauspreis«, den »Energy Globe Austria« und »Beste Skihütte in den Alpen«. Das Panoramarestaurant ist vorbildlich beim Energiesparen, was auf eine ausgeklügelte Energietechnik in Verbindung mit einer besonderen Gebäudekonzeption zurückzuführen ist. Die 120 m² große Solaranlage sorgt für warmes Wasser und trägt zur Raumheizung bei.

Scheidbahn

Scheid

Restaurant Lassida

Arrezabfahrt

Pezidbahn

Arrezjochabfahrt

Pezid 2.750 m

Beim Bau der Skihütte wurden Steine und Kies aus der Umgebung zu »Natursteinbeton« verarbeitet und viel Holz verwendet. Die hohen Glasfassaden wirken hell und einladend. Zwei Terrassen laden zum Verweilen ein: eine Gästeterrasse und der große Liegestuhlbereich mit Bedienung.

Skihütte Masner

So kommen Sie zur Skihütte Masner:

Zur Masner Skihütte gelangt man über mehrere Pisten. Zuerst lässt man sich bequem mit der Komperdell- und Lazid-Bahn bis zur Bergstation Lazid bringen.

Von dort aus geht es mit den Skiern zur Scheidbahn. Dann führt die Piste über die Moosabfahrt weiter bis zur Pezidbahn. Oben an der Pezibahn angekommen, gibt es für Top-Skifahrer eine »sehr schwarze Piste«, die Pezidabfahrt.

Wer aber direkt zum Masner gelangen möchte, nimmt die blaue Arrezjochabfahrt. Da lohnt es sich, etwa nach der Hälfte des Weges auf der Piste innezuhalten und den wunderbaren Blick auf den Masner zu genießen.

Kontakt:

Skihütte Masner
Serfaus

Tel.: 0043-5476-20071
info@skiserfaus.at
www.serfaus-fiss-ladis.at

Nur Winterbetrieb

Die Ski Lounge Serfaus erleben wir als ganz normales Restaurant mit besonderem Ambiente. Direkt am Eingang werden wir freundlich begrüßt. Im Lounge-eigenen Schuhraum schlüpfen wir in die Filzpantoffeln. Auf der Terrasse steht schon ein Liegestuhl mit einer weichen Decke bereit.

Das innovative Design setzt sich auch im Sanitärbereich fort.

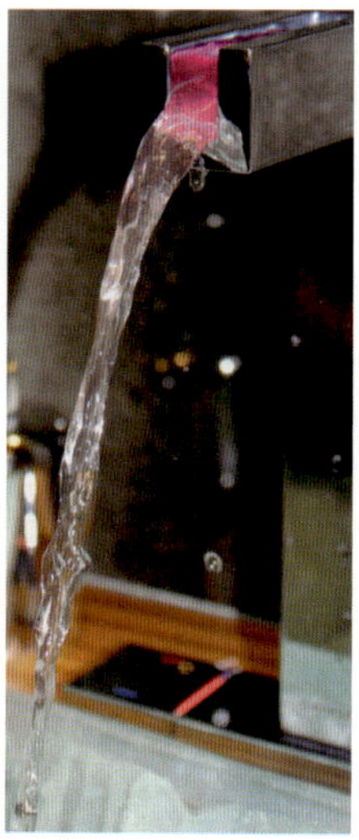

Die sehr aufmerksame Bedienung bringt uns geräucherte Entenbrust und den Saint-Pierre-Teller mit ausgewähltem Fisch.

Wir genießen die frisch zubereiteten Speisen bei einem Glas Wein und dem atemberaubenden Panorama.

Kontakt:

Ski Lounge
Serfaus

Tel.: 0043-5476-6203601
ski-lounge@skiserfaus.at
www.serfaus-fiss-ladis.at

Nur Winterbetrieb
Reservierung möglich

La VITa

La Vita steht für anspruchsvollen Genuss

Auf der Suche nach kulinarischen Genüssen am Plateau führt es uns ins La Vita, das an der Talstation der Serfauser Bergbahn liegt. Das moderne Ambiente passt zum Angebot der Speisen: Wokgerichte, italienische Küche, viel Gemüse und Salate. Für den Skifahrer, der am Mittag die leichte Küche sucht, ist es genauso geeignet wie für ein gemütliches Abendessen. Bei Kerzenschein und Klaviermusik lässt sich der Abend hier mit einem guten Glas Rotwein und einer Zigarre stilvoll beschließen.

La Vita 1.427 m

Als Vorspeise oder kleiner Mittags-Snack sind die gemischten Wan Tan zu empfehlen.

Auf Empfehlung des Küchenchefs entscheiden wir uns für Lachs im Brickteig auf frischem Gemüse und für Rindfleisch aus dem Wok. Von unserem Tisch aus schauen wir gebannt den Köchen zu, wie sie innerhalb kürzester Zeit unsere Gerichte zaubern, die lecker schmecken und toll anzuschauen sind.

Mehrmals am Tag wird die Tafel neu beschrieben.

Wok-Gemüse mit Rindfleisch

Garnelenpfanne

Für 2 Personen
10 rohe Garnelen
Knoblauchöl
Curry
1 kleines Stück frischer Ingwer
1 Bund Frühlingszwiebeln
1 Knoblauchzehe
200 g Zuckerschoten
2 Karotten
2 Esslöffel Mango-Chutney
Sojasoße

Knoblauchöl mit Curry mischen und die Garnelen darin mindestens 20 Minuten einlegen.

In der Zwischenzeit den Ingwer schälen und sehr klein hacken. Knoblauch schälen und durch die Knoblauchpresse geben.

Frühlingszwiebeln, Karotten und Zuckerschoten vorbereiten und zerkleinern.

Etwas Öl von der Garnelenmarinade abnehmen und zusammen mit dem Gemüse in den heißen Wok geben.

Knackig anbraten. Mit der Sojasoße würzen und das Mango-Chutney zugeben.

Dann das Gemüse an den Rand schieben, evtl. noch etwas Öl zugeben und die Garnelen darin kurz anbraten.

Das Gemüse herausnehmen, auf einen Teller geben und die Garnelen darauf anrichten.

Ausgewählte Weine und ein Zigarren-Sortiment finden sich auf der Galerie

Lachs im Brickteig

Für 2 Personen
2 Lachsfilets

Für den Brickteig
(gibt es auch fertig in Asia-Läden zu kaufen)
40 g Mehl
20 ml Wasser
1 Ei

Pfeffer, Salz
frisches Gemüse, zum Beispiel Sojasprossen, Karotten, Lauch, Zucchini, Zuckerschoten,
Sojasoße
süß-scharfe Asia-Soße

Für den Brickteig Mehl mit Wasser und dem Ei verkneten.

Den Teig ganz dünn ausrollen und den Lachs damit umwickeln, mit Salz und Pfeffer würzen und in einer Pfanne von allen Seiten anbraten.

Parallel im Wok das Gemüse zubereiten. Dafür alle Gemüsesorten putzen und vorbereiten, Sesamöl im Wok erhitzen und das Gemüse darin kurz anbraten.

Es soll noch knackig sein. Mit Sojasoße und einer süß-scharfen Soße ablöschen. Das Gemüse auf einen Teller geben und den Lachs darauf anrichten.

Leise Pianomusik untermalt das Essen

An einem Wochenende im Winter beschließen wir kurzfristig, auf's Plateau zu fahren. Wir starten gegen 3 Uhr morgens in Frankfurt und kommen müde und hungrig in Serfaus an.

Schon während der Fahrt freuen wir uns auf das Frühstück im La Vita. Frisch gepresste Obst- und Gemüsesäfte und vor unseren Augen zubereitete Eier mit Speck wecken unsere müden Lebensgeister. Durch die großen Fenster haben wir Blick auf die verschneite Talabfahrt, die uns auf den bevorstehenden Skitag einstimmt.

So kommen Sie zum La Vita:

Zum La Vita gelangt man mit den Skiern über die Talabfahrt nach Serfaus. Wir sind von Fiss aus quer ins Serfauser Skigebiet hinüber gefahren und an der Talstation direkt vor der Tür des La Vita gelandet.

Wer in Serfaus wohnt, erreicht das La Vita bei einem Dorfspaziergang Richtung Bergbahn.

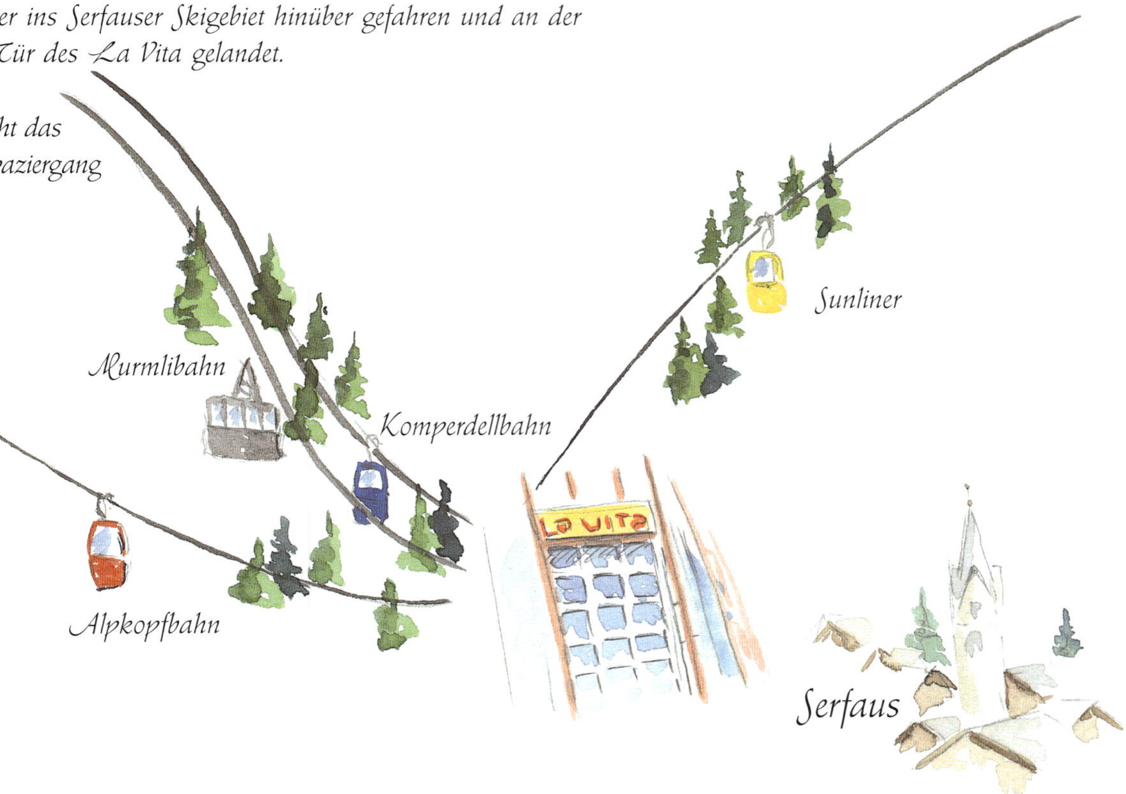

Kontakt:

La Vita
Serfaus
Stefan Patscheider

Tel.: 0043-5476-20077
lavita@patschi.at
www.patschi.at

HARLEY
PARKING
ONLY

Patschi Pub 1.450 m

»Da lachen die Hasen«

... und das schon seit nunmehr 20 Jahren. In dem alten Bauernhaus, das 1746 an anderer Stelle gebaut, in den Neunzigern abgetragen und hier wieder aufgebaut wurde, erlebt man Abend für Abend Après-Ski vom Feinsten.

Wer nit liabt und wer nit lacht,
wer nia kuane Fehler macht,
wer nit singt und trinkt zugleich,
isch lebendig schoa a Leich.

Beim Après-Ski lässt es sich draußen unter Heizstrahlern gut aushalten. Ein heißes Getränk und etwas zu essen aus der Grillecke sorgen für die nötige innere Wärme. Zu späterer Stunde tobt die Party drinnen weiter.

Spareribs süß-scharf

2 kg Spareribs
4 Esslöffel Mango-Chutney
2 Esslöffel Tomatenmark
1 Esslöffel Paprikamark
4 Esslöffel Sojasauce
Saft von 1/2 Orange
1 rote Pfefferschote, gehackt
3 Knoblauchzehen, gehackt
Salz, Pfeffer

Die Spareribs in wenig kochendem Salzwasser etwa 10 Minuten vorgaren.

In der Zwischenzeit die Zutaten für die Marinade verrühren.

Die Ribs aus dem Wasser nehmen, abtrocknen, in die Marinade einlegen und mindestens 2 Stunden durchziehen lassen.

Bevor die Spareribs auf den Grill gelegt werden, etwas von der Marinade mit einem Pinsel abstreichen, damit Knoblauch und Pfefferschote nicht verbrennen.

In 20 Minuten auf dem Grill oder im auf 200 Grad vorgeheizten Backofen goldbraun grillen. Dabei immer wieder wenden.

Die knusprigen Haxen & Spareribs finden regen Zuspruch

Was wäre der Après-Ski ohne Musik? Von seinem Balkon hat der DJ den besten Blick auf die feiernde Meute und kann je nach Publikum ordentlich für Stimmung sorgen.

Dank der flotten Barkeeper muss hier niemand lange auf sein Getränk warten.

Während das Party-Volk Abend für Abend im Pub die Puppen tanzen lässt, halten Skier und Boards im Schnee die Stellung.

So kommen Sie zum Patschi Pub:

Nach einem langen Ski- und Boardtag gibt man sein Equipment am besten im Skidepot an der Talstation der Bergbahnen Serfaus ab. Über die Eisentreppe nach oben, den Parkplatz überqueren, und die Musik vom 30 m oberhalb liegenden Pub ist nicht zu überhören. Vom Dorf kommend folgt man einfach der Dorfbahnstraße bis zum Ende. Dort liegt das Pub auf der rechten Seite.

Serfaus

Kontakt:

Patschi Pub
Serfaus
Stefan Patscheider

Tel.: 0043-5476-6290
s.patscheider@tirol.com
www.patschi.at

Fiss

stellt sich vor

Frommes (Kreuz) 1 h
Fiss über Frommes 3 h
Fiss über Schadenstock 2 ½ h
Fisser Joch 15 min
Schönjöchl-Rundweg
Frommesalp 2 h
Schönjöchl
2493 m

»Prost-Mahlzeit«

Die Dörfer Serfaus, Fiss, Ladis am Sonnenplateau im Tiroler Oberland sind bekannt durch die einzigartige Höhenlage, verbunden mit einer typischen Tiroler Dorfstruktur, die alle Möglichkeiten einer »besonderen« Urlaubsregion bieten. Vom Ski fahren, Rodeln und Langlaufen im Winter bis zum Wandern, Bergsteigen, Rad fahren und Schwimmen im Sommer – für alle ist etwas dabei.

Dieses Buch ermöglicht Ihnen, noch einen anderen Blick auf die Plateaugemeinden Serfaus, Fiss und Ladis zu richten. Neben der Schönheit der Landschaft, der Dörfer und der gelebten Kultur präsentiert dieses Buch kulinarische Köstlichkeiten und Spezialitäten aus unserer Region. Dabei können Sie nicht nur die Speisen kennen lernen, auch die Lokale, die diese Speisen anbieten, werden Ihnen vorgestellt.

Mein Tipp: Wandern Sie zu diesen Orten, und genießen Sie die Köstlichkeiten und viele weitere Schmankerln aus der Tiroler Küche. Eine perfekte Möglichkeit, das Angenehme mit dem Gesunden zu verbinden.

Mit diesem Werk ist es den beiden Autorinnen hervorragend gelungen, den kulinarischen Blick mit der Schönheit unserer Region zu verbinden.

Ich wünsche Ihnen viele schöne Stunden mit diesem Buch, ob bei uns im Urlaub oder zu Hause!

Mag. Markus Pale
der Bürgermeister von Fiss

Kuhalm 1.768 m

Der erste Tag in Fiss

Gerade erst nach einer durchfahrenen Nacht angekommen, wollen wir möglichst schnell Bergluft schnuppern und ein bisschen wandern. So machen wir uns auf den Weg zur Talstation der Bergbahnen und entscheiden uns dort für den Aufstieg zur Kuhalm.

Mitten durch üppig blühende Bergwiesen führen befestigte Wege nach oben. Schon von der Ferne ist die Alm zu sehen. Dann geht es nur noch durch eine kleine Senke und einen letzten kurzen Anstieg, bis man sich die Brettljause oder eine der anderen Tiroler Köstlichkeiten verdient hat.

Forelle mit Petersilienkartoffeln

Für 1 Person

1 ganze Forelle
etwas Mehl
Salz, Pfeffer
Zitronensaft
Butterschmalz

etwa 8 kleine Kartöffelchen
Butter
glatte Petersilie

Die ausgenommene und gesäuberte Forelle in etwas Mehl wenden, salzen, mit Zitronensaft säuern und pfeffern. Butterschmalz in einer Pfanne erhitzen und den Fisch auf beiden Seiten bräunen.

Kartoffeln schälen und in Salzwasser gar dünsten. Butter in einer kleinen Pfanne schmelzen lassen, die abgegossenen Kartöffelchen zugeben und mit frischer, gehackter Petersilie bestreuen.

Hüttenwirt Christian steht meist selbst in der Küche. Wenn viele Gäste erwartet werden, springt auch die Mama mit ein.

Ihr Kaiserschmarrn, der in der gusseisernen Pfanne serviert wird, ist bei Einheimischen und Gästen gleichermaßen beliebt.

Weitere Spezialitäten der Kuhalm sind Schweinshax'n und Ripperl. Um sicher zu gehen, dass sie auch wirklich vorrätig sind, am besten vorher anrufen.

Sehr lecker ist auch der Speck aus eigener Selcherei. Er ist neben anderen Tiroler Schmankerln auf der Brettljause zu finden.

Im Sommer werden täglich fangfrische Forellen zubereitet

Ein ganz besonderes Ereignis, vor allem für Kinder, ist im Sommer der tägliche Almzutrieb der etwa 140 Kühe. Schon von weitem hört man ihre Glocken. Sie trotten in einer langen Reihe zum Stall und werden dort gemolken. Bei Tagesanbruch werden sie wieder auf die Bergwiesen geführt.

Wir erleben den Almzutrieb an einem leicht verregneten Tag. Gegen 18 Uhr, als die Kühe schon kurz vor dem Stall sind, zeigt sich plötzlich ein Regenbogen in all seinen schillernden Farben. Was für ein Naturschauspiel!

Almzutrieb

Ziachkiachle

Für 4 Personen

400 g Mehl
20 g Hefe
30 g Zucker
200 ml Zucker
2 Eigelb
2 Esslöffel Rum
30 g Butter
Salz
500 g Butterschmalz
25 g Preiselbeeren

Mehl in eine Schüssel geben und in die Mitte eine Mulde drücken. Hefe in die Mulde hinein bröckeln. Milch leicht erwärmen und über die Hefe gießen. Die Schüssel mit einem Handtuch abdecken und an einem warmen Ort etwa eine halbe Stunde gehen lassen.

Danach Eigelb, Rum, Salz und zimmerwarme Butter zugeben und das Ganze zu einem Teig verkneten. Vom Teig esslöffelgroße Kugeln abstechen und mit bemehlten Händen runden.

Nochmals etwa eine halbe Stunde gehen lassen.

Das Butterschmalz in einem Topf erhitzen. Die Kugeln so in alle Richtungen ziehen, dass sie in der Mitte ganz dünn sind und einen dicken Rand bilden. Mit der Oberseite nach unten ins Bratfett geben und Fett über die Unterseite schöpfen. Dann umdrehen und fertig backen bis sie hellbraun sind. Die Kiachle rausnehmen und Preiselbeeren in die Mitte geben.

So kommen Sie zur Kuhalm:

Der Anstieg von Fiss zur Kuhalm dauert etwa eine Stunde. Überall am Wegesrand blühen die schönsten Bergblumen. Mit ein bisschen Glück entdeckt man auch die eine oder andere Silberdistel. Wer es etwas gemütlicher mag, kann mit der Schönjoch-Bahn bis zur Mittelstation fahren und hat dann nur noch etwa 15 Minuten Fußweg vor sich. Im Winter führt die Skiabfahrt von der Mittelstation durch den wunderschön verschneiten Wald zur Alm. Auch mit dem Rodel ist die Strecke gut zu befahren.

Kontakt:

Kuhalm
Fiss
Christian Gamperl

Tel.: 0043-5476-6508
fisserkuhalm@gmx.at

Möseralm 1.812 m

Auf zum Nightflow

Ein ganz besonderes Ereignis ist der einmal wöchentlich stattfindende Nachtskilauf mit Nightflow-Show. Schon bei der Auffahrt mit der Gondel zur Möseralm sehen wir im Flutlicht die herrlich präparierten Skipisten. Oben angekommen, schnallen wir die Skier an, um gleich ins Tal abzufahren. Die mit Fackeln beleuchtete Möseralm ist dann aber einfach zu einladend, so dass wir die Abfahrt auf später verschieben und erst einmal »zukehren«, wie es in Österreich heißt.

Am Eingang werden wir mit einem Glas Prosecco begrüßt. Da fällt unser Blick auf das opulente Buffet: Salate, Pasteten, Fischplatten, Speck, Landjäger, Käse, selbst gebackenes Brot und weitere Köstlichkeiten sind verlockend angerichtet.
Hinter den Theken stehen Köche mit hohen Mützen und bereiten Spanferkelrücken, Roastbeef und Lamm, frische Gemüsepfannen und knusprige Bratkartoffeln zu.

Marillenknödel

4 Personen

200 g Butter
100 g Zucker
8 Eier
2 cl Rum
1 Päckchen Vanillezucker
abgeriebene Schale einer Zitrone
1 Prise Salz
1,5 kg Topfen
150 g Semmelbrösel
1 kg Marillen (Aprikosen)
30 g brauner Zucker
50 g Butter
Semmelbrösel zum Rösten

Butter mit Zucker sehr schaumig rühren. Die Eier trennen. Die Dotter einzeln unterschlagen, danach Vanillezucker, Zitronenschale und den Rum unterrühren.

Das Eiweiß mit einer Prise Salz sehr steif schlagen. Quark und Eischnee unter den Teig heben. Semmelbrösel dazugeben. Den Teig eine Stunde ruhen lassen.

Die Marillen halbieren, ein wenig Teig abnehmen und diesen mit der Marillenhälfte in der Mitte zu einem Knödel formen. So fortfahren, bis der ganze Teig aufgebraucht ist. Danach die Knödel für 20 Minuten in siedendes Salzwasser geben.

Während dieser Zeit die restlichen Marillen pürieren.

Knödel vorsichtig aus dem Wasser heben. Semmelbrösel und Zucker mit Butter in der Pfanne goldbraun rösten und die fertigen Knödel darin wälzen.

Die noch warmen Knödel auf dem Marillen-Püree anrichten.

Für den krönenden Abschluss sorgt der Patissier mit seinen ausgefallenen Kreationen.

Auch Schmugglerbanden bewegten sich per Ski

Showelemente des Formationsteams

Pistenbullis ebnen den Skiläufern die Pisten

Nightflow – Skilauf über Zeiten und Kontinente hinweg

Jede Saison aufs Neue stellt die Skischule Fiss-Ladis eine Show mit Bezug auf vergangenes und aktuelles Zeitgeschehen auf die Beine. Woche für Woche geben sie den Gästen einen Einblick in die Entwicklung des Skilaufs.

Auf höchstem technischem Niveau zeigen die Skilehrer ein Feuerwerk ihres Könnens. Raffinierte Showelemente musikalisch unterlegt, garantieren Action und Spannung.

So kommen Sie zur Möseralm:

Im Sommer ist eine Wanderung durch die Fisser Gonde ein Muss für Naturliebhaber. Sie liegt oberhalb der Bergstation der »Möseralmbahn« und führt auf einem Naturlehrpfad durch Wald, mächtige Steinfelsen und Lichtungen bis zu einem herrlichen Aussichtspunkt. Wer dort verweilt, ist bald von zwitschernden Vögeln und vom würzigen Duft der Bergkräuter umgeben.

Im Winter kommen Anfänger wie sehr gute Skifahrer gleichermaßen auf ihre Kosten. Direkt vor der Möseralm bietet das Gelände bestes Übungsterrain für Kinder und Anfänger. Für Könner ist die Möseralm Ausgangspunkt für Touren zum oberen Sattelkopf. Rote Pisten führen nach Serfaus und ins Fisser Tal.

Auf 2 km Länge saust Felix mit dem Fisser Flitzer von der Möseralm bis zur Talstation.

Kontakt:

Möseralm
Fiss

Tel.: 0043-5476-6769
gastro@bergbahnen-fiss.at

Wonne-Alm 2.222 m

Genuss und Wonne auf der Alm

Zugegeben nicht sehr sportlich, leihen wir uns Mountainbikes aus und fahren mit der Gondel zum Schönjoch. Von dort sausen wir in wenigen Minuten zur Wonne-Alm. Wir stellen unsere Räder ab und schon vor der Türe werden wir von den kleinen Schweinchen, Hund und Katze begrüßt. Gerhard bewirtschaftet die Alm mit etwa 100 Rindern und hat für die Kleinen einen richtigen Streichelzoo. Außerdem gibt es Forellen zum selbst Angeln. Kühe, Esel, Ponys, Hasen und Schweine tummeln sich rund um die Alm.

Da es draußen regnerisch und ungemütlich ist, hat Gerhard den alten Holzofen angeheizt, auf dem er uns ein leckeres Tiroler Gröstel zubereitet.

Tiroler Gröstel

Für 4 Personen

1 kg Kartoffeln
2 Zwiebeln
400 g Selchfleisch und Bratenreste
Speckwürfel nach Geschmack
4 Esslöffel Butterschmalz
4 Eier
Salz, Pfeffer
Kümmel, Majoran

Kartoffeln mit der Schale kochen, danach schälen und blättrig schneiden.

Die Zwiebeln in Würfel schneiden und in einer Pfanne mit heißem Butterschmalz anschwitzen.

Selchfleisch und Bratenreste ebenfalls fein schneiden und mit den Speckwürfeln zu den Zwiebeln geben. Kurz mitrösten.

Die Kartoffeln hinzufügen, mit ordentlich Kümmel und Majoran würzen, salzen und pfeffern. Bei starker Hitze bräunen.

In einer weiteren Pfanne 4 Spiegeleier braten, würzen und auf das Gröstel geben.

Das Ganze in der Pfanne servieren. Dazu gibt es einen warmen Speckkrautsalat.

Nach der deftigen Hauptspeise folgt der süße Abschluss

Weinnudeln

Für 4 Personen

500 ml Milch
50 g Butter
50 g Zucker
1 Teelöffel Vanillezucker
150 g Grieß
1 Esslöffel Semmelbrösel
Butterschmalz
Glühwein

Die Milch mit Butter, Zucker und Vanillezucker aufkochen, den Grieß unter stetigem Rühren langsam einrieseln lassen. Den Grießbrei vom Herd nehmen und eine Stunde auskühlen lassen. Aus der abgekühlten Masse Nudeln formen, diese kurz in Semmelbrösel wälzen und danach in einer tiefen Pfanne in Butterschmalz goldgelb ausbacken. Glühwein erhitzen und die Nudeln einlegen.

Während wir unseren ersten Hunger stillen, steht Sohn Martin in der Küche und bereitet traditionelle Weinnudeln zu. Diese bekommen wir zum süßen Abschluss mit heißem Glühwein serviert.

Wildererschmaus

In der Küche wirbelt der Chef selbst mit Leidenschaft umher, und auch seine Söhne sind mit Herzblut bei der Sache. Zusätzlich zur umfangreichen Speisekarte mit Tiroler Spezialitäten bereitet Gerhard die leckersten Wildgerichte zu. Welches Fleisch auf die Wildererplatte kommt, hängt davon ab, was sie selbst erlegt haben. Es gibt Reh, Gams und Hirsch, manchmal zusätzlich auch Steinbock. Eine Delikatesse! Dazu gibt es Knödel, Röstkartoffeln, Rotkraut und Speckböhnchen. Wildgoulasch mit Pfifferlingen und hausgemachten Spätzle ergänzt das zünftige Jägeressen.

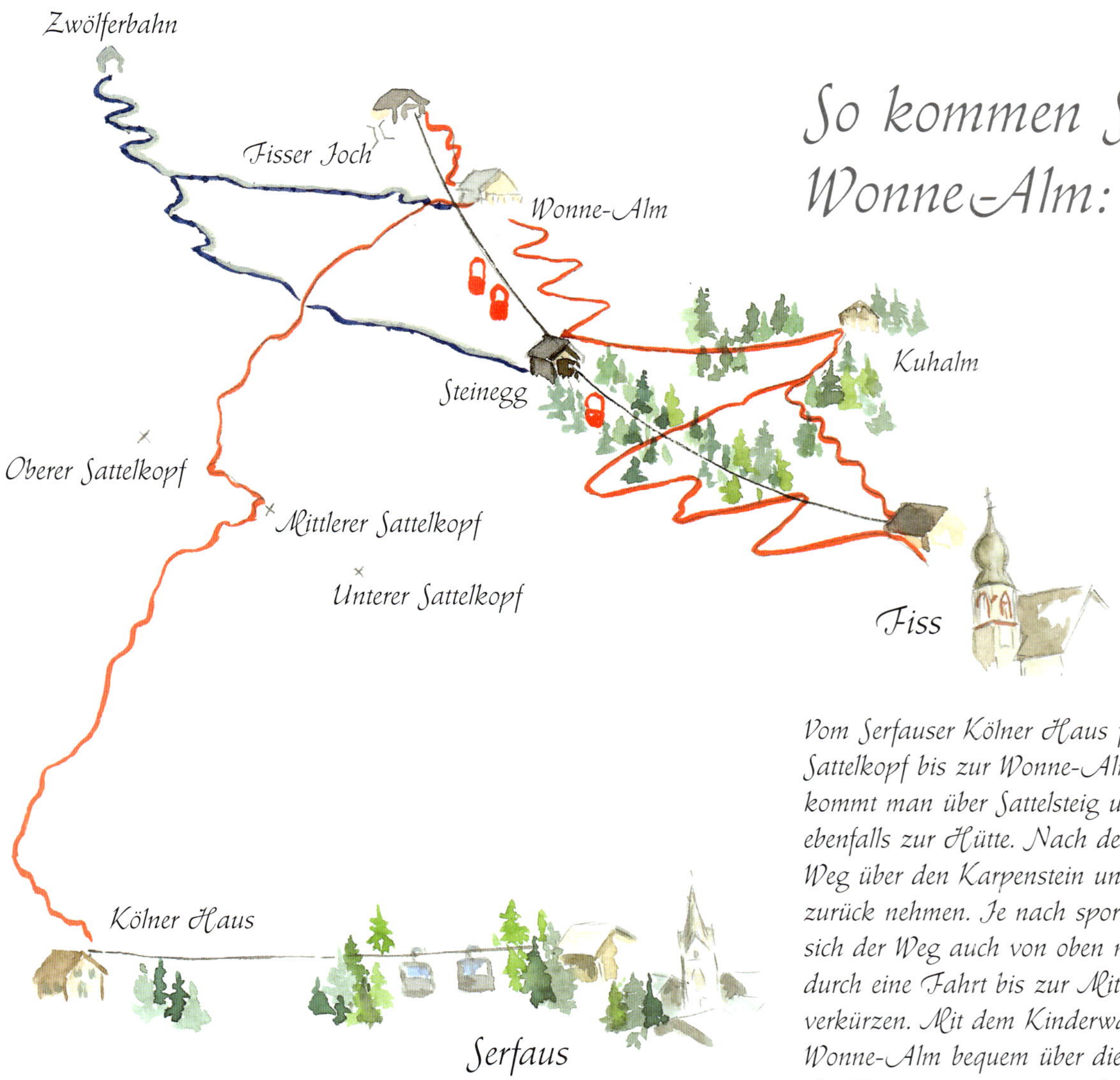

So kommen Sie zur Wonne-Alm:

Vom Serfauser Kölner Haus führt ein Weg über den Sattelkopf bis zur Wonne-Alm. Vom Fisser Schönjoch kommt man über Sattelsteig und Murmeltiersteig ebenfalls zur Hütte. Nach der Einkehr kann man den Weg über den Karpenstein und Steinegg nach Fiss zurück nehmen. Je nach sportlichen Ambitionen, lässt sich der Weg auch von oben nach unten gehen oder durch eine Fahrt bis zur Mittelstation Steinegg verkürzen. Mit dem Kinderwagen erreicht man die Wonne-Alm bequem über die asphaltierten Forstwege. Im Winter starten wir mit den Skiern am Zwölferkopf und fahren über die Diritissima direkt zur Alm. Für weniger Geübte geht's über die Schönjochabfahrt zur Wonne-Alm.

Kontakt:

Wonne-Alm
Gerhard Neururer

Tel.: 0043-5476-20092
Mobil: 0043-664-1244768
gerhard@wonnealm.com
www.wonnealm.com

Berg Diamant 2.440 m

Tief Luft holen

Der neu erbaute Bergdiamant thront an der Bergstation der Schönjochbahn. Wir steigen aus der Gondel und sind schon nach wenigen Schritten im Vorraum des Restaurants. Hier ist der ideale Platz, um sich erst einmal wetterfest zu verpacken, bevor es raus in die Winterlandschaft geht.

Neben all den frisch zubereiteten Speisen lohnt es besonders, den Bergdiamant wegen seiner berühmten Kuchentheke aufzusuchen. Am frühen Nachmittag wird sie mit frisch gebackenen Kuchen bestückt. Im Sommer gibt es hervorragende Windbeutel mit Erdbeeren und Sahne.

Erdbeer-Windbeutel

Zutaten für 12 Windbeutel

Teig

1/4 l Wasser
1/2 Teelöffel Salz
100 g Butter
150 g Mehl
4 Eier

Füllung

500 g Erdbeeren
1/2 l Sahne
2-3 Esslöffel Zucker
Puderzucker zum Bestäuben

Das gesalzene Wasser in einem ausreichend großen Topf zum Kochen bringen.
Die Butter zufügen und schmelzen lassen.

Das Mehl auf einmal in das Wasser geben und stetig rühren. Auf mittlerer Hitze so lange rühren, bis sich ein Klumpen bildet. Den Teigkloß noch 2 Minuten rundherum »abbrennen«.

Den Teigkloß in eine Schüssel geben und die Eier einzeln zugeben und mit dem Handmixer unterrühren.

Ein Backblech fetten und mit Mehl bestäuben.

Die Teigmasse in einen Spritzbeutel mit großer Sterntülle füllen und Tennisball-große Rosetten auf das Blech spritzen und bei 200 Grad im Backofen 20 Minuten backen.

Die fertigen Windbeutel aufschneiden und auskühlen lassen.

Die Erdbeeren in Scheiben schneiden und leicht zuckern, die Sahne mit 1-2 Esslöffel Zucker steif schlagen. Den Boden des Windbeutels mit Erdbeeren belegen, Sahne in einen Spritzbeutel füllen und auf die Erdbeeren spritzen. Den Deckel aufsetzen und mit Puderzucker bestäuben.

Gezuckerte Windbeutel – Vorahnung auf die schneebedeckten Berge

Erfüllt von den gewaltigen Eindrücken des Sonnenaufgangs, kehren wir mit knurrendem Magen in den Bergdiamant ein. Hier erwartet uns ein reichhaltiges Bergfrühstück, das wir sogar in der Morgensonne auf der Terrasse zu uns nehmen können.

Die köstlichen Kuchen locken uns bei jedem Wetter auf das Joch. Natürlich ist es besonders schön, auf der sonnigen Terrasse zu sitzen. Aber auch bei Kälte oder Regen ist es gemütlich im Bergdiamant. Ein duftender Kaffee oder heißer Tee wärmt dann von innen.

Sonnenaufgang am Gipfelkreuz

Im Sommer gibt es ein ganz besonderes Highlight: die Sonnenaufgangsfahrt. Wir starten mit der Gondel um halb 5 am Morgen. Am Schönjoch angekommen, umfängt uns Dunkelheit und ein kühler, klammer Wind. Zum Glück sind wir mit warmen Jacken und Schal gut ausgerüstet. Dann geht es auch schon los. Bergführer Christian lotst uns sicher auf der knapp einstündigen Tour bis zum oberen Sattelkopf. Festes Schuhwerk ist dafür unbedingt erforderlich. Wer nicht ganz so weit gehen möchte, kann sich für die leichtere, etwa 20-minütige Wanderung zum Gipfelkreuz Schönjoch entscheiden.

Wir laufen in die heranbrechende Morgendämmerung hinein. Langsam färbt sich der Himmel zartrosa, man kann die Sonne bereits erahnen. Es scheint schon wärmer zu werden. Oder liegt das an der Bewegung in der frischen Luft? Kurz vor dem Gipfelkreuz kommen die ersten Sonnenstrahlen durch. Bis wir oben sind, ist der Tag in morgendlicher Helligkeit erwacht. Was für ein beeindruckendes Erlebnis!

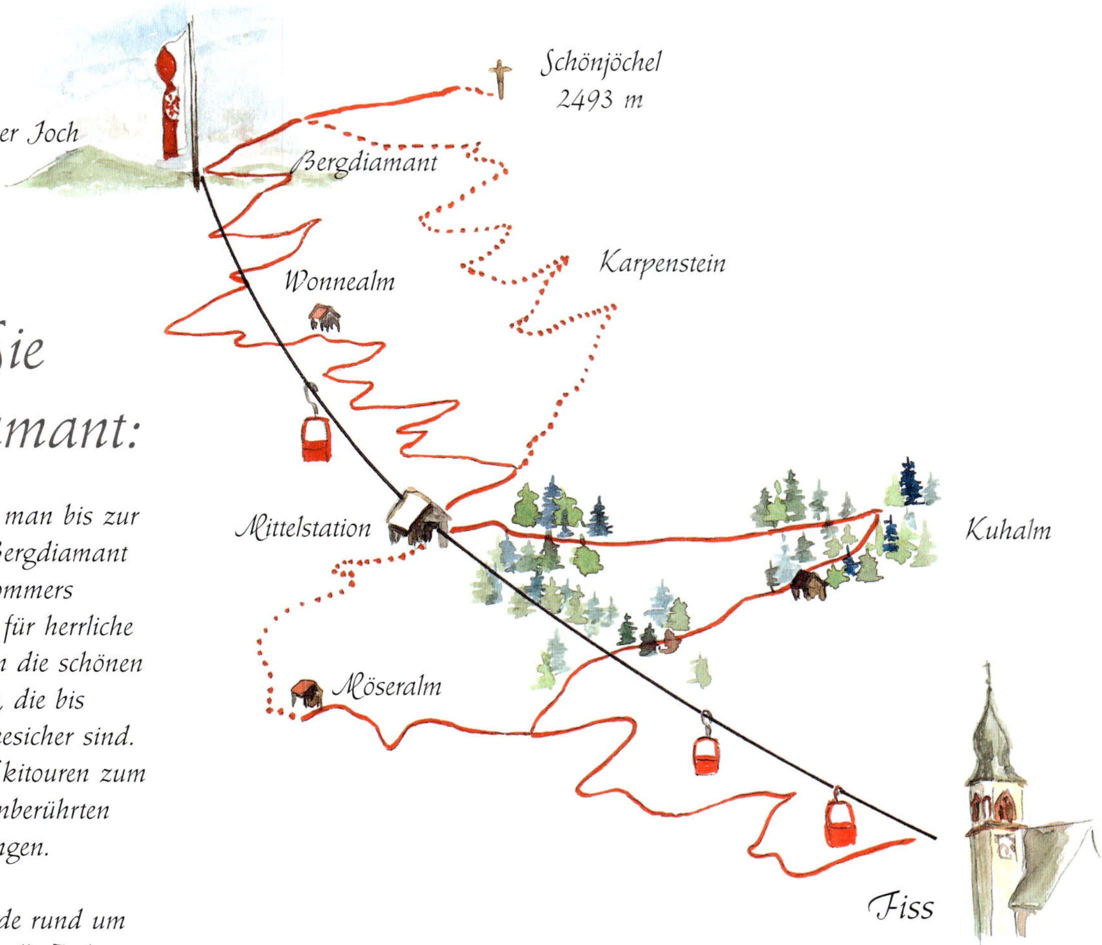

So kommen Sie zum Bergdiamant:

Mit der Schönjochbahn fährt man bis zur Bergstation und steigt am Bergdiamant aus. Das Fisser Joch ist sommers wie winters Ausgangspunkt für herrliche Touren. Von hier erreicht man die schönen Abfahrten auf der Nordseite, die bis in den Frühling hinein schneesicher sind. Geübte Skifahrer starten zu Skitouren zum Sattelkopf, um von dort im unberührten Tiefschnee ins Tal zu schwingen.

Im Sommer bietet das Gelände rund um das Joch für jeden Wanderer tolle Ziele. Oft sieht man auch Mountainbiker zum Schönjoch hinauf fahren, um dann zum Beispiel über die Schöngamp-Alm nach Fiss zurückzukehren.

Kontakt:

Bergdiamant
Fiss

Tel.: 0043-5476-20131
gastro@bergbahnen-fiss.at

Schöngamp-Alm 1.880 m

Sonnenplätzchen im Urgtal

Endlich ist der große Tag gekommen: Das erste Mal Nordseiten-Abfahrt. Anja versichert mir, dass mich auf der Schöngamp-Alm ein herrliches Sonnenplätzchen erwartet. Über Plazör- und Almabfahrt gelangen wir auf roten Pisten zur Alm.

Auf der gut besuchten Terrasse finden wir ein schönes Plätzchen in der Sonne. Als Dietmar uns dann die bestellten Kasspatzln und ein kühles Radler bringt, sind wir vollends zufrieden. Länger als geplant verweilen wir und sehen am Nachbartisch appetitlichen Apfelstrudel. Schnell ist die Bestellung aufgegeben ...

Kasspatzln

Für 4-6 Personen

700 g Mehl
4 Eier
1/2 l Wasser
Muskat
1 Teelöffel Salz
2 Zwiebeln
3 Esslöffel Butter
500 g Käse (Almkäse oder eine Käsemischung, möglichst aus kräftig schmeckenden Bergkäsesorten)

Mehl mit Eiern, Wasser, Salz und Muskat schnell verrühren. Den Teig portionsweise durch ein Spätzlesieb drücken oder vom Brett in kochendes Salzwasser schaben (das ist gar nicht so kompliziert).

Wenn die Spatzln aufschwimmen, mit einer Schaumkelle herausnehmen und kurz abschrecken.

Die Spatzln in eine gebutterte Auflaufform geben und lagenweise den geriebenen Käse darüberstreuen. Alles im Ofen warmhalten.

Die Zwiebel halbieren, in feine Scheiben schneiden und in Butter goldgelb rösten.

Diese über die oberste Lage der Spatzln geben und servieren.

Apfelstrudel

Teig
250 g Mehl
1 Esslöffel Öl
1 Prise Salz
1 Ei
1/8 l lauwarmes Wasser
etwas Butter
100 g Semmelbrösel
etwas Puderzucker

Füllung
1,5 kg säuerliche Äpfel
100 g Zucker
1 Teelöffel Zimt
100 g Rosinen
100 g blättrig geschnittene Haselnüsse
100 g Butter

Für den Teig das Mehl in eine Schüssel sieben. In die Mitte eine Vertiefung drücken und Öl, Salz, das verquirlte Ei und das lauwarme Wasser hineingeben. Alles leicht verrühren und dann kneten. Den Strudelteig so lange kneten und schlagen, bis er seidig glänzend ist und sich vom Schüsselboden löst.

Den Teig mit Öl bestreichen, mit einem Handtuch abdecken und an einem warmen Ort etwa 30 Minuten ruhen lassen.
Ein Backblech mit Butter einfetten.

Für die Füllung die Äpfel in hauchdünne Blättchen schneiden und mit Zimt und Zucker vermischen. Rosinen waschen, abtrocknen und mit den Haselnüssen unter die Äpfel heben. Den Backofen auf 200 Grad vorheizen.

Ein großes Tuch leicht mit Mehl bepudern und den Teig darauf ausrollen.

Mit zerlassener Butter bestreichen und mit bemehlten Händen vorsichtig zu einem Rechteck auseinanderziehen bis er hauchdünn ist. Dicke Teigränder abschneiden.

Den Teig mit der restlichen zerlassenen Butter bestreichen, mit den Semmelbröseln bestreuen, und die Äpfel darauf verteilen.

Einen handbreiten Rand freilassen. Das Tuch an der Seite mit der Füllung anheben, den Strudel vorsichtig aufrollen. Auf das Backblech geben.

Die beiden offenen Seiten gut andrücken. Den Strudel mit flüssiger Butter bestreichen.

Auf der mittleren Schiene etwa 45 Minuten goldgelb backen. Anschließend nochmals mit Butter bestreichen und mit Puderzucker bestreuen.

Auf der sonnigen Almterrasse bekommen wir frische Milch, Brettljause und Knödelsuppe. Eine willkommene Stärkung, bevor es mit dem Wanderbike wieder zurück nach Fiss geht.

So kommen Sie zur Schöngamp-Alm:

Ein schöner Ausflug für Groß und Klein ist die kombinierte Wander- und Radtour. Man kann sich von der Gondel auf das Fisser Joch bringen lassen und dann in einer guten Stunde zur Alm hinunterlaufen.

Wer lieber leicht bergauf geht, wählt den circa drei Stunden dauernden Weg über Rabuschl hinein in die Alm. Dort stehen die bestens gewarteten Wanderbikes für die Rücktour schon bereit.

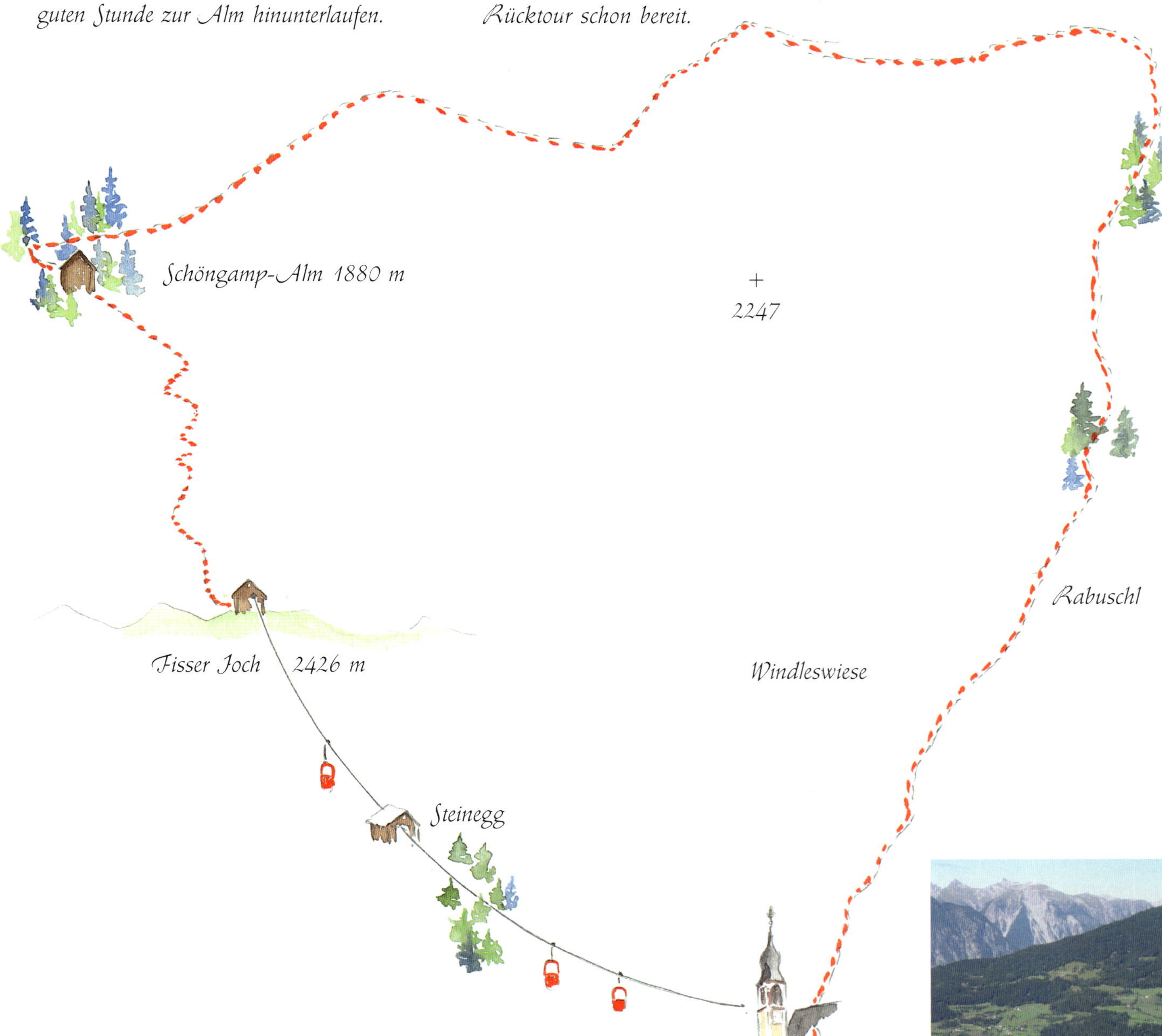

Kontakt:

Schöngamp-Alm
Fiss

Tel.: 0043-5476-53075

Frommes Alp

Ist Frommes offen?

Diese Frage stellt sich dem ambitionierten Skifahrer jedes Jahr aufs Neue. Ein Urlaub ohne eine Abfahrt auf einer der schönsten und längsten Pisten des Fisser Gebietes ist nur halb so schön. Dank der Beschneiungsanlage ist die Skiroute immer bestens präpariert und hat mit Öffnung der Frommes-Alp 2002 noch ein neues Highlight dazubekommen. Unser erster Besuch auf der Alp findet jedoch mangels meiner Skikünste im Sommer statt. Von unten kommend sehen wir zuerst die Volieren mit den Greifvögeln, das Rotwildgehege mit dem Platzhirsch »Hubertus« und oberhalb an den Berg geschmiegt die Alp.

1.740 m

Frommes Alp

Steinpilzsuppe mit Rehfleischknödel

Hirschkalb-Kotelett mit Pfifferlingen und Preiselbeerroulade

Pofesen

8 Scheiben Weißbrot
1 Esslöffel Preiselbeeren
3 Eier
125 ml Milch
1 Prise Salz
1 Esslöffel Zucker
1 Teelöffel Zimt
1 Päckchen Vanillezucker
Butter zum Braten

Mit einem scharfen Messer die Toastbrotscheiben entrinden, 4 Scheiben mit Preiselbeeren bestreichen und mit den übrigen vier bedecken. Gut andrücken.

Eier trennen. Eigelb, Milch, Salz, Zucker, Zimt und Vanillezucker in einem tiefen Teller verquirlen, Eiweiß steif schlagen und unterheben. Die zugeklappten Weißbrotscheiben darin einweichen.

Butter in einer Pfanne schmelzen lassen und die Pofesen darin schwimmend ausbacken.

Auf Küchenpapier kurz abtropfen lassen. Warmen Glühwein (mit Zimt, Zitrone, Orange und Nelken verfeinert) in einen Teller geben, Pofesen darin anrichten und mit Preiselbeeren servieren.

Auf der Frommes-Alp werden die Pofesen in einer wunderbar leckeren Glühweinsauce serviert

Die Falknerei ist die große Leidenschaft von Christian und seinem Sohn Thomas. Auf der Frommes-Alp leben in den Volieren zwei Turmfalken, ein Habicht, Uhus, Schneeeulen, Käutzchen, ein Wüsten- und ein Mäusebussard. Hier werden auch verletzte Greifvögel aufgenommen.

Ebenso können auch Auer- und Birkwild angeschaut werden.
Wer Näheres wissen möchte, sollte einfach fragen. Die Schmids geben gerne Auskunft.

So kommen Sie zur Frommes-Alp:

Von der Bergstation Schöngamplift auf der Fisser Nordseite startet die 14 km lange Frommes-Abfahrt. Bereits nach etwa 150 Metern lohnt es sich, die Skier wieder abzuschnallen und den Blick vom Gipfelkreuz aus über die schneebedeckten Berge schweifen zu lassen. Danach folgen wir der abwechslungsreichen Piste zur Frommes-Alp.

Im Sommer bricht man in der Früh zu einer schönen Tageswanderung auf. Mit der Gondel geht es bis zum Fisser Joch, von dort führt der Weg über das Schönjöchl zum Frommes-Gipfelkreuz, das mit seiner beeindruckenden Aussicht zum Rasten einlädt. Danach steigt man stetig bergab zur Frommes-Alp. Nach der Einkehr folgt man der befestigten Straße über Rabuschl bis nach Fiss. Es gibt jedoch noch eine ganze Reihe von weiteren schönen Wanderungen rund um die Frommes-Alp. Sie sind in den Wanderkarten eingezeichnet.

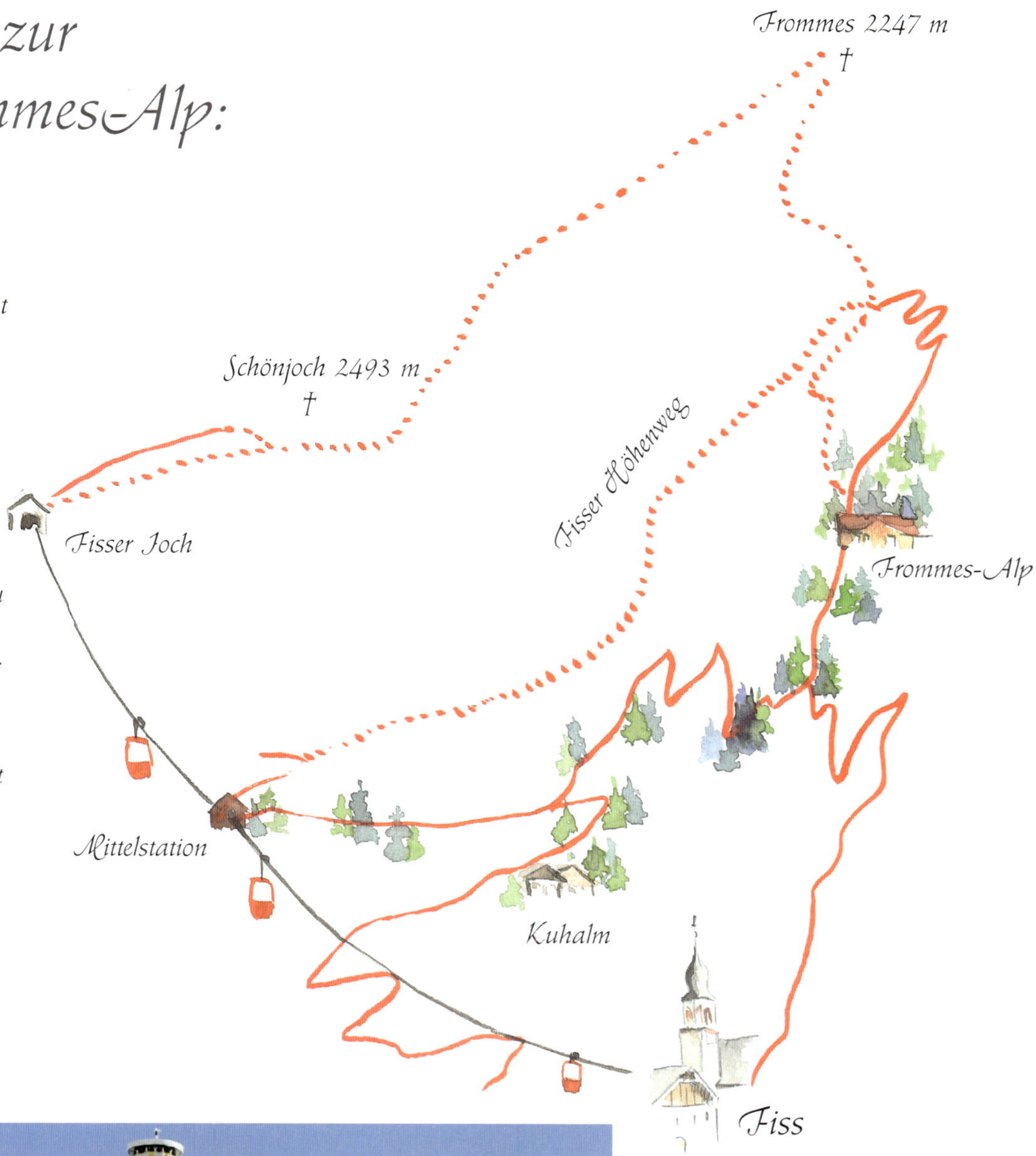

Kontakt:
Frommes-Alp
Fiss
Christian und Martina Schmid

Tel.: 0043-5476-6418
oder -53074
www.frommesalp.at

Sonnenburg

Das Familienrestaurant nördlich von Fiss

Nachdem wir die perfekt präparierte Frommes Abfahrt mit Jana und Nadja herunter geschwungen sind, kehren wir in der Sonnenburg ein. Schnell finden wir ein schönes Plätzchen in dem neuen luftigen Restaurant. Kaum aufgegessen, hält es die 2 nicht auf ihren Plätzen. Auf den großen Bildschirmen sehen sie, wie sich die anderen Kinder in Bertas Kinderland vergnügen und wollen dabei sein. Wir setzen uns in der Zwischenzeit an die Sonnenbar und genießen ein kühles Getränk.

1.540 m

Während die Kleinen in Bertas Kinderland ihre ersten Versuche auf Skiern absolvieren, sitzen Mama, Papa, Oma und Opa gemütlich in der warmen Stube.

Über den eigenen Berta-TV-Kanal schauen sie ihren kleinen Skihasen beim Üben zu und lassen sich ein schönes Stück Kuchen schmecken.

Ofenkartoffeln

4 große Kartoffeln
500 g Topfen
600 g saure Sahne
300 ml Crème fraîche
2 Knoblauchzehen
1 Bund Schnittlauch
Saft von 1 Zitrone
Salz, Pfeffer

250 g fein
gewürfelter Speck

Die Kartoffeln waschen, in einen Topf mit Salzwasser geben und 15 Minuten vorkochen.

Den Backofen auf 200 Grad vorheizen und vier Stück Alufolie zum Einwickeln der Kartoffeln vorbereiten. Die kalt abgeschreckten Kartoffeln auf die glänzende Seite der Folie legen und fest einwickeln.

Auf mittlerer Schiene 20 Minuten im Backofen garen.

In der Zwischenzeit Topfen, saure Sahne und Crème fraîche verrühren. Den Knoblauch und das Schnittlauch fein hacken, mit dem Saft der Zitrone unter die Crème rühren und mit Salz und Pfeffer abschmecken.

Den Speck in einer Pfanne kross ausbacken.

Die Kartoffeln auf einem Teller mit gemischtem Salat und der Crème anrichten, den Speck darüber verteilen.

Auch den Kids schmeckt die heiße Ofenkartoffel

Wer noch genug Energie zum Toben hat, vergnügt sich draußen auf der Kletterburg oder zieht der Berta kurzerhand seine Skischuhe an und tummelt sich im Warmen auf »Bertas Alm«.

Auch für die Allerkleinsten ist in der Sonnenburg bestens gesorgt. Ein eigener Still- und Wickelraum bietet den Müttern den nötigen Platz und die Ruhe, ihre Babys auch auf der Piste wie gewohnt zu versorgen.

So kommen Sie zur Sonnenburg:

Sowohl von Fiss als auch von Ladis aus startet die Sonnenbahn, die gelbe Gondel. Direkt an der Mittelstation, zwischen Fiss und Ladis, liegt die Sonnenburg. Dort kann man auch bequem zu Fuß und sogar mit Kinderwagen hinkommen. Von der Gondel aus sind es nur ein paar Meter.

Kontakt:

Sonnenburg
Fiss

Tel.: 0043-5476-6396283
gastro@bergbahnen-fiss.at

Berta's

Kinderplanet

Das Rundum-sorglos-Paket

Zufriedene Kids, entspannter Urlaub!

Mit gutem Gefühl geben unsere Freunde ihre Kids am Morgen in die Obhut des Skilehrers. Der Vormittag vergeht wie im Flug, nach zwei Stunden Action im Kinderland sind die kleinen Skiprofis ordentlich ausgehungert. Begleitet von ihrem Skilehrer kehren sie im neuen Kinderplanet ein. Hier treffen dann auch nach und nach alle anderen Kindergruppen jedes Könnens ein. Gegen den ersten Durst und den ersten Hunger steht schon das Skiwasser und eine heiße Suppe bereit.

1.540 m

Essen zwischen & unter den Planeten

Nicht nur draußen auf der Piste ist die Berta immer präsent, auch im neuen Kinderplanet lacht sie von den Wänden. Hier werden die kleinen Skischüler im neuen Free-Flow-For-Kids-Restaurant liebevoll versorgt. Jeder Skilehrer betreut seine Gruppe während der gesamten Mittagspause.

Die Planeten-Suppe wird mit großem »Hallo« begrüßt.

Auch für Vitamine wird gesorgt. Täglich werden frische Salate und frisches Obst parat gehalten.

Palatschinken

140 g Mehl
1/4 l Milch
2 Eier
1 Eigelb
1 Päckchen Vanillezucker
1 Prise Salz
Butter zum Braten
Erdbeermarmelade zum Bestreichen
Puderzucker

Das Mehl mit der Milch verquirlen. Danach die Eier, das Eigelb, Vanillezucker und Salz zugeben. Das Ganze zu einem glatten Teig verrühren.

Der Teig muss leicht dünnflüssig sein; wenn er noch zu dickflüssig ist, mit etwas Milch verdünnen.

Die Palatschinken einzeln in der Pfanne in Butter ganz dünn ausbacken.

Aus der Pfanne nehmen, mit der Marmelade bestreichen und rollen. Mit Puderzucker bestreuen.

Gut gestärkt sind die Kids schon wieder fit für die Piste

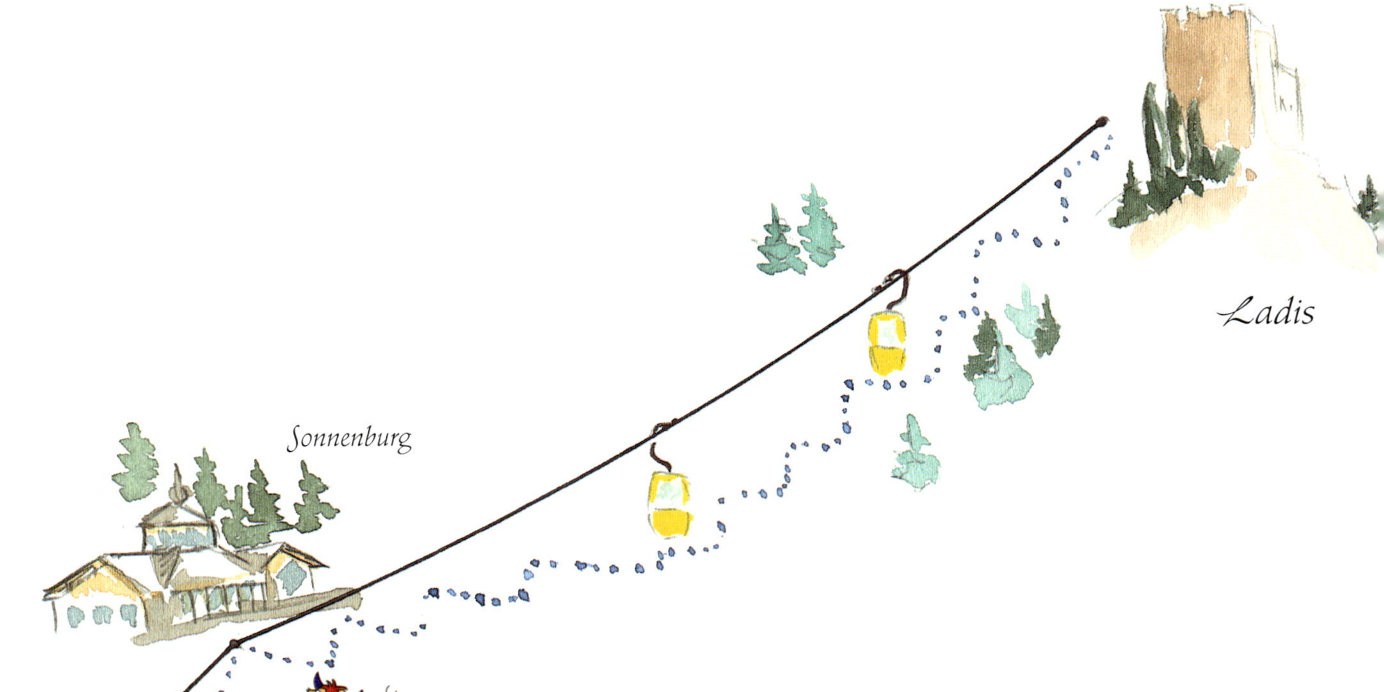

So kommen Sie zum Kinderplanet:

Sowohl von Fiss als auch von Ladis aus startet die Sonnenbahn, die gelbe Gondel. Direkt an der Mittelstation, zwischen Fiss und Ladis, liegt der Kinderplanet. Dort kann man auch bequem zu Fuß und sogar mit Kinderwagen hinkommen. Von der Gondel aus sind es nur ein paar Meter.

Kontakt:

Kinderplanet
Fiss

Tel.: 0043-5476-6392288
gastro@bergbahnen-fiss.at

Skischule
Fiss

Tel.: 0043-5476-6757
skischule@fiss-ladis.at
www.skischule-fiss-ladis.at

*Häuptling »Flinker Ski«
lädt zur Kanutour ein.*

Das Indianerdorf lockt die Kinder mit seinen bunten Figuren und einem »echten« Marterpfahl. Dort geht es hoch her, wenn sommers wie winters das Indianergeschrei nach Ladis hinunter hallt.

HEXENAL

Hexenalm 1.500 m

Treffpunkt Après-Ski

Der Après-Ski auf der Hexenalm ist ein »Muss«, wie Anja mir versichert. Dort trifft man sich. Skifahrer, Rodler, Boarder und Familien – sie alle tummeln sich am späten Nachmittag auf der herrlich großen Sonnenterrasse.

Während sich die Kinder beim Trampolinspringen oder auf der Rutsche austoben können, ist Entspannung für die Eltern angesagt.

Mittags wird auf der Terasse à la carte serviert, und die letzten Strahlen der Abendsonne kann man bei kleinen Gerichten von der Vesperkarte genießen.

Direkt vor der Hexenalm werden auch Crêpes frisch zubereitet.

»Fuhre Mist«

Für 4 Personen

2 Schweinerückensteaks
2 kleine Rinderfiletsteaks
2 halbe Hühnerbrustfilets
4 Scheiben Bacon
4 Mini-Würstchen
Fett zum Braten
Salz, Pfeffer

200 g Zuckerschoten
3-4 Karotten
Olivenöl zum Braten
1 Zwiebel
150 g Speck

Kräuterbutter
tiefgekühlte
Pommes Frites

Die Zuckerschoten und Karotten putzen, die Karotten in Scheiben schneiden und halbieren. Beide Gemüsesorten in Salzwasser knapp gar kochen, abschütten und kalt abschrecken.

Den Backofen vorheizen und die Pommes Frites darin nach Anweisung zubereiten.

Die Zeit so einteilen, dass das Fleisch wie unten beschrieben noch einen Moment ruhen kann, Bacon und Würstchen fertig sind und das Gemüse gerade aus der Pfanne kommt.

Die Rinderfilets halbieren, scharf anbraten mit Salz und Pfeffer würzen und in Folie gewickelt zum Ruhen in den heißen Backofen legen, danach mit Schweinesteak und Hühnerbrust genauso verfahren. Den Bacon in der Pfanne kross braten, die Würstchen in Wasser erhitzen.

In einer weiteren Pfanne das Olivenöl erhitzen, den Speck und die Zwiebel würfeln und im Öl andünsten, die Zuckerschoten und Möhren zugeben, mit Salz und Pfeffer abschmecken.

Auf einer großen Holzplatte das Fleisch, Bacon und Würstchen mit den Pommes Frites und dem Gemüse anrichten. Kräuterbutter darüber schmelzen lassen.

Zur Vesper kräftigen Bergkäse, abends Warmes aus dem Schubkarren

Für alle diejenigen, die nach dem Skifahren noch Party-Energie übrig haben, sorgt ein DJ für Stimmung: auf der Terrasse und in der Henxenalm.

Bis 19 Uhr tobt die Party. Danach sorgen fleißige Hände in Windeseile dafür, dass sich die Hexenalm in ein gemütliches Abend-Restaurant verwandelt.

So kommen Sie zur Hexenalm:

Die Hexenalm liegt direkt unterhalb der Talstationen Schönjochbahn, Möseralmbahn und Sonnenbahn.

Sie ist auf dem Rückweg ins Dorf einfach nicht zu verfehlen.

Kontakt:

Hexenalm
Fiss

Tel.: 0043-5476-20150
info@apresski.at
www.hexenalm.at

Hackl's Kaller 1.440 m

Après-Ski und Nachtleben mit Geschichte

Hackl's Kaller ist eine Institution in Fiss. Dort trifft man sich. »Lass uns doch noch mal kurz im Hackl vorbei schauen.« Dieser Satz kann der Anfang einer langen Partynacht sein. Nicht selten sieht man noch mit anbrechender Morgendämmerung die letzten Gäste aus dem Hackl herauskommen ...

Hackl's Kaller hat eine lange Tradition. Das von außen sichtbare Fenster an der Nordseite stammt aus dem 15. Jahrhundert. Die Ziffern, die heute das Logo des Kellers sind, stehen für das Jahr 1459. Vermutlich stammt das Gebäude sogar bereits aus dem 14. Jahrhundert, wie alte Dorfchroniken zeigen. Es hat schon viel erlebt: Einst wurde es als Gefängnis genutzt, dann als Bauernkeller und Werkstätte, heute steigt am Nachmittag die Après-Ski Party. Am Abend lädt der urige Felsenkeller zu einem Gläschen Wein ein, und zu später Stunde lässt die Menge den Keller beben.

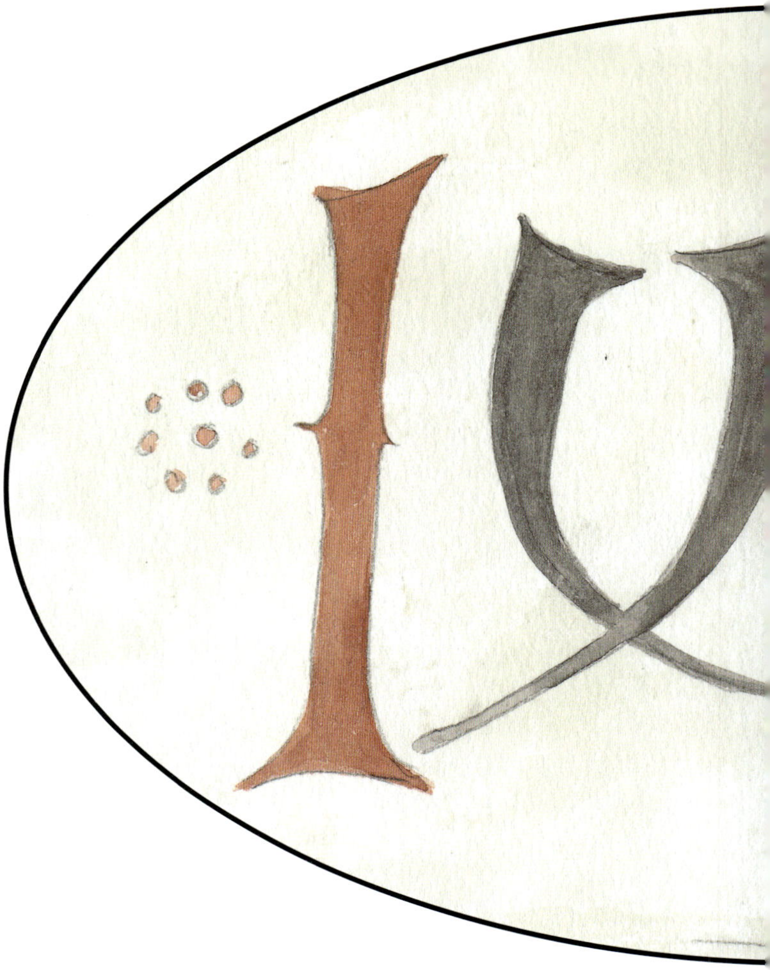

Trotz umfangreicher Umbauarbeiten in den 1990er Jahren, wurden die alten Steinmauern in mühevoller Kleinarbeit erhalten. Sie sind innen zu bewundern. Insgesamt wurde der Keller sehr behutsam renoviert und mit viel Liebe zum Detail urig eingerichtet. Es lohnt sich, den Blick über die Wände schweifen zu lassen. Dort finden sich auch viele alte Fotos.

Die Bar im Hackl's Kaller ist gut sortiert. Verschiedenste Cocktails stehen auf der Karte. Gut schmeckt nach einem ausgedehnten Skitag auch einfach ein frisches kühles Bier oder ein Radler. Und wenn uns, wie schon öfter passiert, später am Abend der Hunger packt, zaubert Piet auch eine Pizza hervor.

Ein DJ sorgt für Partystimmung. Einmal pro Woche ist Karaoke-Abend. Dann ist der Keller bis auf den letzten Stehplatz voll. Wir sind immer wieder beeindruckt, welch verborgene Sänger-Talente an diesen Abenden zum Vorschein kommen. Man munkelt, dass tagelang vor dem Auftritt im stillen Kämmerlein geprobt wird.

Bei der alten Triumph, die an der Thekenwand platziert ist, geraten die Männer schon mal ins Schwärmen.

Die brennende Theke – eine der »Spezialitäten« im Hackl

In einen ordentlichen B52 gehören: Bailey's Irish Cream, Kaffeelikör und hochprozentiger Rum (73 %). Dieser Shortdrink hat's in sich. Mit einem Strohhalm getrunken, zeigt er schnell seine Wirkung.

Aber nicht nur B52 hat Hackl's Kaller im Angebot. Ein Geheimtipp ist zum Beispiel der »Fisser Flitzer«, dessen Rezept Barkeeper Piet uns allerdings nicht verraten hat. »Einfach ausprobieren«, ist dazu sein Kommentar mit einem Augenzwinkern.

Eine Besonderheit im Hackl ist die »Magic-Mix-Machine« zur Anmischung von B52.

So kommen Sie zum Hackl's Kaller:

Hackl's Kaller liegt in der »Oberen Dorfstraße«, oberhalb des zentralen Dorfplatzes. Die Kirche dient als Anhaltspunkt; von dort ist er nur wenige Meter entfernt. Ansonsten: einfach fragen. Jeder kennt »den Hackl«.

Es lohnt sich immer, einen Blick in den Hackl zu werfen. Von außen ist meist nicht erkennbar, dass innen schon ausgelassene Partystimmung herrscht.

Fiss

Kontakt:

Hackl's Kaller
Fiss
Geiger GmbH

Tel.: 0043-5476-6401
info@hackls.com
www.hackls.com

Ladis

stellt sich vor

T 10517
EVELYN

Liebe Genussfreunde,

die Region Serfaus-Fiss-Ladis auf dem herrlichen Sonnenplateau gelegen, bietet eine wunderbare Kulisse für Urlauber und Erholungssuchende aus der ganzen Welt. Die Gäste und Besucher schätzen den Komfort, die Gastfreundschaft, die Landschaft, aber auch die kulinarischen Genüsse und Angebote. Die Restaurations- und Bewirtungsbetriebe bieten von der traditionellen österreichischen bis hin zur internationalen Küche zahlreiche Gaumenfreuden.

Die Idee, ein Kochbuch mit den Spezialitäten der Region bzw. mit Spezialangeboten der einzelnen Betriebe zu publizieren, ist ein hervorragender Einfall. Durch die Kombination der Beschreibung der Restaurants, der Hütten und der Wanderwege entsteht zum traditionellen Kochbuch eine interessante Informationslektüre. Man kann den Autorinnen dazu nur herzlich gratulieren und die Freude zum Ausdruck bringen, dass die Gastbetriebe diese Idee unterstützt haben.

Die Verbindung unserer Tiroler Tradition, der Natur, der Menschen die hier leben und den gastronomischen Angeboten sind Faktoren, die untrennbar mit der Entwicklung des Tourismus in Tirol und der Region zusammenhängen.

Ich wünsche den Lesern viel Vergnügen beim Studium der Lektüre und viel Freude und Genuss.

Toni Netzer

Bürgermeister Toni Netzer, Ladis

Weiberkessl 1.320 m

An einem sehr heißen Sommertag ...

... wollen wir eine gemütliche Wandertour von Fiss nach Ladis machen. Sie führt uns vorbei an der Fisser Josefskapelle auf befestigten Wegen leicht abwärts Richtung Ladis. Mittendrin bleibt Anja stehen und schildert mir, wie herrlich sich diese jetzt noch grüne Wiese im Winter in eine ideale Anfängerpiste verwandelt. Und tatsächlich sieht es gar nicht so gefährlich aus. Zum ersten Mal befasse ich mich ernsthaft mit dem Gedanken, Skifahren zu lernen ...

Schnell ist ein Besuch für den Winter in der Planung, bei Heike und Hannes in der Biopension Alpenheim ein Zimmer gebucht, und dann gibt es kein Zurück mehr.

Schon nach wenigen Tagen auf den Skieren ist Anja sicher, dass wir die Abfahrt nach Ladis wagen können.

Es ist herrlich. Anja hat mir nicht zuviel versprochen. Von der Mittelstation der Sonnenbahn schlängelt sich der Weg sacht nach unten. Am Weiberkessl angekommen, sind unsere Freunde vom Schönjoch über die Frommesabfahrt bereits eingetroffen.

Hüttenwirt René sorgt für ausgelassene Stimmung

Kaas Pressknödel

250 g Knödelbrot
200 ml Milch
2 kleine Zwiebeln
100 g Butter
125 g Topfen (Quark)
150 g Kartoffeln
200 g Tiroler Graukäse
(alternativ Bergkäse)
2 Eier
Salz, Pfeffer
Petersilie
Butter zum Braten

Kartoffeln schälen, in gleich große Stücke schneiden und in Salzwasser kochen.

Knödelbrot mit Salz und Pfeffer würzen und in der Milch einweichen. Die klein gehackte Petersilie zugeben.

Zwiebeln schälen, fein hacken und in der Butter anrösten. Wenn sie goldgelb sind, zusammen mit den gekochten und zerdrückten Kartoffeln und dem Topfen zum Knödelbrot geben.

Eier verquirlen und mit den restlichen Zutaten vermischen (den Käse dafür in kleine Stücke zerteilen).

Die Masse gut durchkneten und etwas ruhen lassen. Danach kleine Knödel formen und flachdrücken.

Die Butter in einer Pfanne erhitzen, die Pressknödel goldbraun anbraten und servieren.

Die Kaas Pressknödel schmecken sehr gut in einer Brühe oder mit einem gemischten Salat.

Die Spinat und Tiroler Knödel werden ganz ähnlich zubereitet. Anstelle von Topfen gibt man einfach etwa 200 g Spinat oder 200 g angeröstete Speckwürfel dazu. Diese 2 Knödelvariationen werden dann nicht in der Pfanne gebraten, sondern in Salzwasser gegart.

Drei Knödelvariationen: Kaas Pressknödel, Spinat- und Tiroler Knödel

Über den kleinen Absacker in der angrenzenden Almbar verlieren wir die Uhrzeit völlig aus den Augen, so dass wir der letzten Gondel nach Fiss nur noch hinterherschauen können. Zum Glück ist René auf solche Fälle vorbereitet. Er holt kurzerhand seinen Skidoo hervor und bringt uns mit viel Gaudi nach Fiss zurück. Der Ladis-Gast hat es da einfacher. Er erreicht das Dorf in nur wenigen Minuten über die beleuchtete Piste.
Der neueste Hit ist Renés »Snow-Bus«, der abends im Winter wie im Sommer als Shuttle zwischen Ladis, Weiberkessl und Fiss eingesetzt wird.

So kommen Sie zum Weiberkessl:

Der Weiberkessl ist von Fiss aus zu Fuß in einer Stunde über den Wiesenweg zu erreichen. Von der Josefskapelle wandert man durch weite Wiesen immer leicht abwärts bis zur Hütte. Wer in Ladis wohnt, folgt hinter der Touristen-Information dem Wegweiser Richtung Weiberkessl über einen asphaltierten Weg, der dann in einen Feldweg übergeht. Schon bald eröffnet sich der Blick auf den Weiberkessl mit seinem Biergarten.

Mit den Skiern führt die Piste von der Mittelstation der Sonnenbahn bis direkt zum Weiberkessl. Für Kinder ist die Abfahrt erstes Übungsterrain nach der Skischule. Oft sieht man sie vor den staunenden Eltern hinuntersausen.

Kontakt:

Weiberkessl
Ladis
René Hann

Tel.: 0043-664-9138496
www.weiberkessl.at

Obladis 1.386 m

Den Tiroler Sauerbrunn musst Du probieren!

An einem Tag gegen Ende der Skisaison zieht es uns nach Obladis. Anja möchte mir die Quelle des Tiroler Sauerbrunn zeigen, die dort entspringt. In der schon kraftvollen Sonne schmilzt der Schnee auf unserem Wanderweg langsam dahin. Der Frühling kündigt sich an.

In Obladis angekommen, suchen wir uns ein Plätzchen auf der großen Terrasse. Brigitte rät uns, das Schmalzbrot zu probieren. Das Brot ist selbst gebacken und das Schmalz aus eigener Herstellung. Die obligatorische Flasche Sauerbrunn darf natürlich nicht fehlen. Anja erzählt mir, dass sie schon vor über 20 Jahren beim Etikettieren der Flaschen geholfen hat – nicht mehr vergleichbar mit der heutigen modernen Abfüllanlage, die uns Sandra, die Tochter des Hauses, gerne zeigt.

Nuss-Sahne-Torte

7 Eier
180 g Zucker
180 g Mehl
1 Teelöffel Backpulver
60 g gemahlene Haselnüsse
1/2 l Sahne
etwas Puderzucker
gemahlene und ganze Haselnüsse zur Verzierung

Eier trennen und das Eiweiß zu Schnee schlagen. Eigelb mit Zucker schaumig rühren, dann das Eiweiß mit dem Mehl, Backpulver und den Nüssen vorsichtig unterheben. Im vorgeheizten Backofen bei 180 Grad etwa 35 Minuten backen.

Den Kuchen auskühlen lassen und zweimal durchschneiden. Sahne steif schlagen, etwas Puderzucker zugeben und die Sahne zwischen die Teighälften geben. Die Torte mit der Sahne bestreichen, mit dem Spritzbeutel und den Nüssen verzieren.

Wirtin Brigitte verrät uns das Rezept der verführerisch duftenden Nuss-Sahne-Torte

Für Kinder ist Obladis ein wahres Paradies. Ponys, Schweine, Ziegen, Hühner, Hasen und Meerschweinchen lassen das Kinderherz höher schlagen. Wer möchte, darf Hubert auch im Stall helfen. Außerdem gibt es einen großen Abenteuer-Spielplatz und eine Kletterwand.

Über das leckere Bio-Eis freuen sich nicht nur die Kinder. Auch wir können nicht widerstehen und probieren uns durch die Sorten Schokolade, Erdbeere und Vanille. Familie Kirschner verwendet für die Herstellung nur Milch von eigenen Kühen. Die Früchte stammen größtenteils aus der Region.

So kommen Sie nach Obladis:

Von Fiss aus führt der Weg über Falterjöchl und Villa in etwa einer Stunde nach Obladis. Von Obladis nehmen wir den Wasserwanderweg, der uns zum Entdeckungsort der Heilquellen führt. Bis nach Ladis sind es nur 2 km, die man zu Fuß in einer knappen halben Stunde schafft. Im Winter sollte man unbedingt einen Rodel mitnehmen, mit dem man durch den zauberhaft verschneiten Winterwald bis nach Ladis gelangt. Auf Anfrage gibt es auch abendliche Rodel-Touren zum Weiberkessl mit Fackeln.

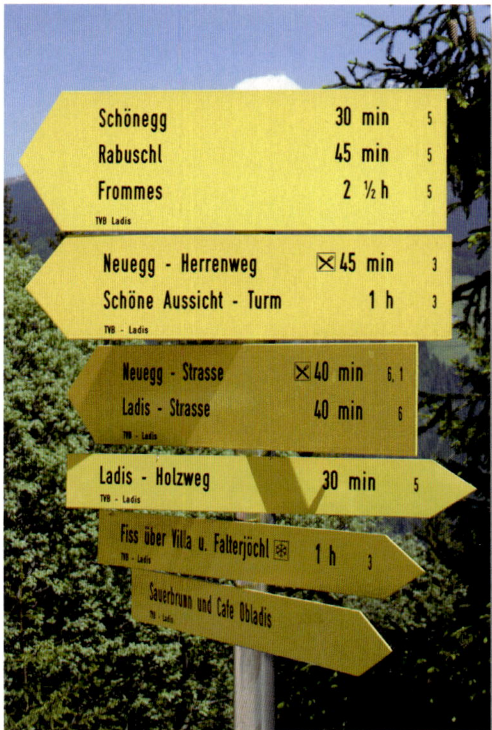

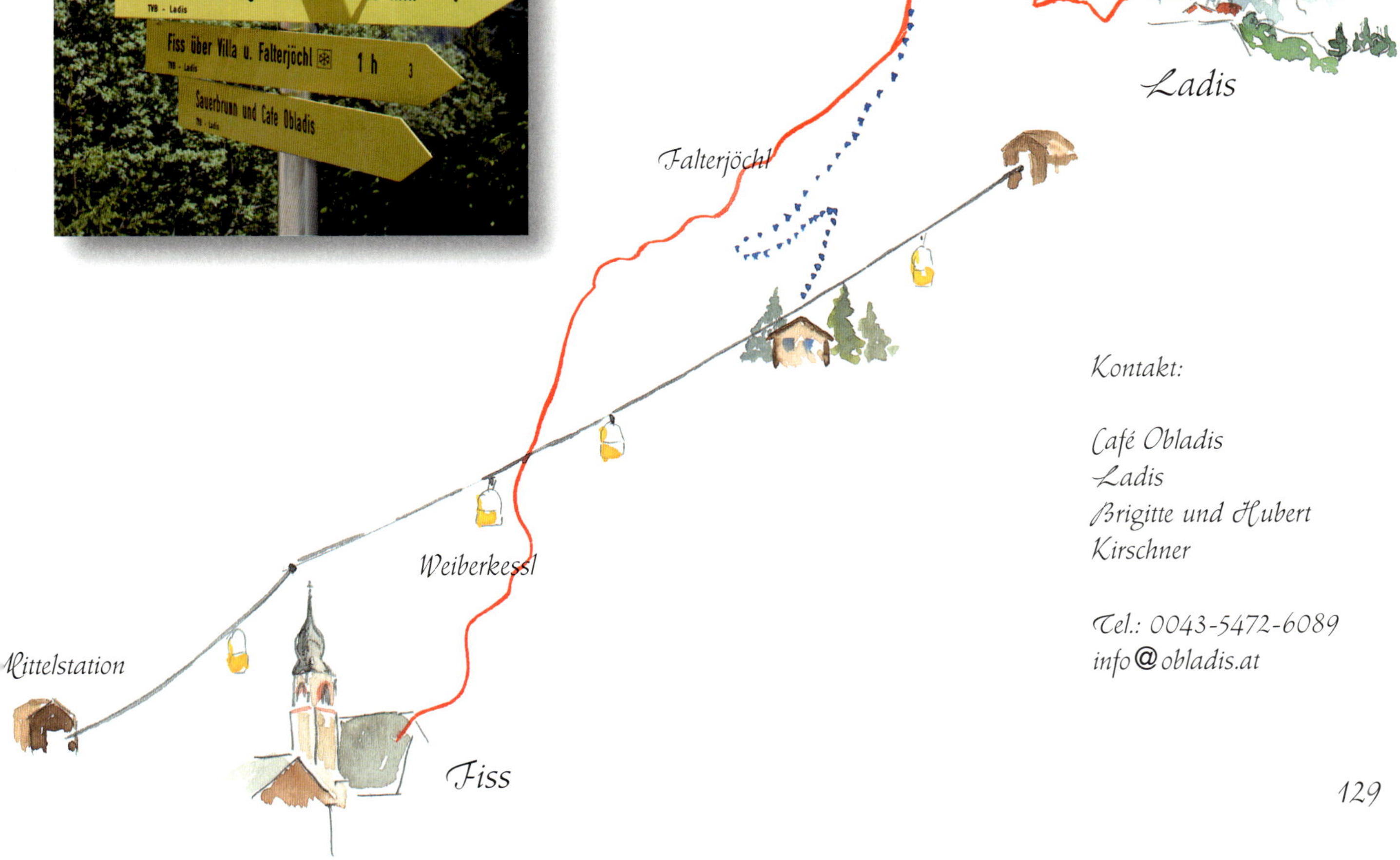

Kontakt:

Café Obladis
Ladis
Brigitte und Hubert
Kirschner

Tel.: 0043-5472-6089
info@obladis.at

Danke ...

Wir danken allen Hüttenwirten und Restaurantleitern für ihre Unterstützung! Ohne ihre aktive Mithilfe wäre das Buch nicht zustande gekommen. Christine, Deine Zusage hatten wir als allererste. Nun ist zwar alles anders gekommen als geplant, aber Du hast uns Mut für unser Buch gemacht! Christian, danke, dass Du von Anfang an an unser Projekt geglaubt hast und uns immer den Jeep geliehen hast!

Unser Dank gilt auch den Bürgermeistern von Serfaus, Fiss und Ladis sowie dem Tourismusverband und den Bergbahnen.

Ein Dankeschön an Saskia Burghardt für die perfekte Umsetzung unserer Layoutwünsche.

Vielen Dank an Benny und Piet, die uns immer den Rücken gestärkt haben, an Heike und Hannes für ein gemütliches »Zuhause« in der Biopension Alpenheim und an alle, die uns gute Tipps gegeben haben. Ute, danke, dass Du das Buch kritisch gegengelesen hast! Unserem Webmaster Martin danken wir für die sehr gut gelungene Homepage (www.kulinarische-huettenwanderung.com).

Der größte Dank geht an Anjas Vater: Seine Skizzen der Hütten, Wegbeschreibungen und Details haben dem Buch seinen besonderen Charakter gegeben und es einzigartig gemacht.

Anja & Petra

Impressum

Herausgeber
Anja Kornmann und Petra Michel

Skizzen
Klaus Kornmann

Text und Fotos
Anja Kornmann und Petra Michel

Gesamtherstellung
Henrich Druck + Medien
Druckerei und Verlag GmbH
Schwanheimer Straße 110
60528 Frankfurt am Main
www. henrich.de

1. Auflage – 2006

ISBN 3-921606-54-3

Die genauen Öffnungszeiten der Hütten
erfahren Sie beim Tourismusverband.
Nicht alle im Buch gezeigten Gerichte sind
zu jeder Zeit verfügbar. Bitte bei den jeweiligen
Hütten vorher nachfragen, falls ein bestimmtes
Gericht gewünscht wird.

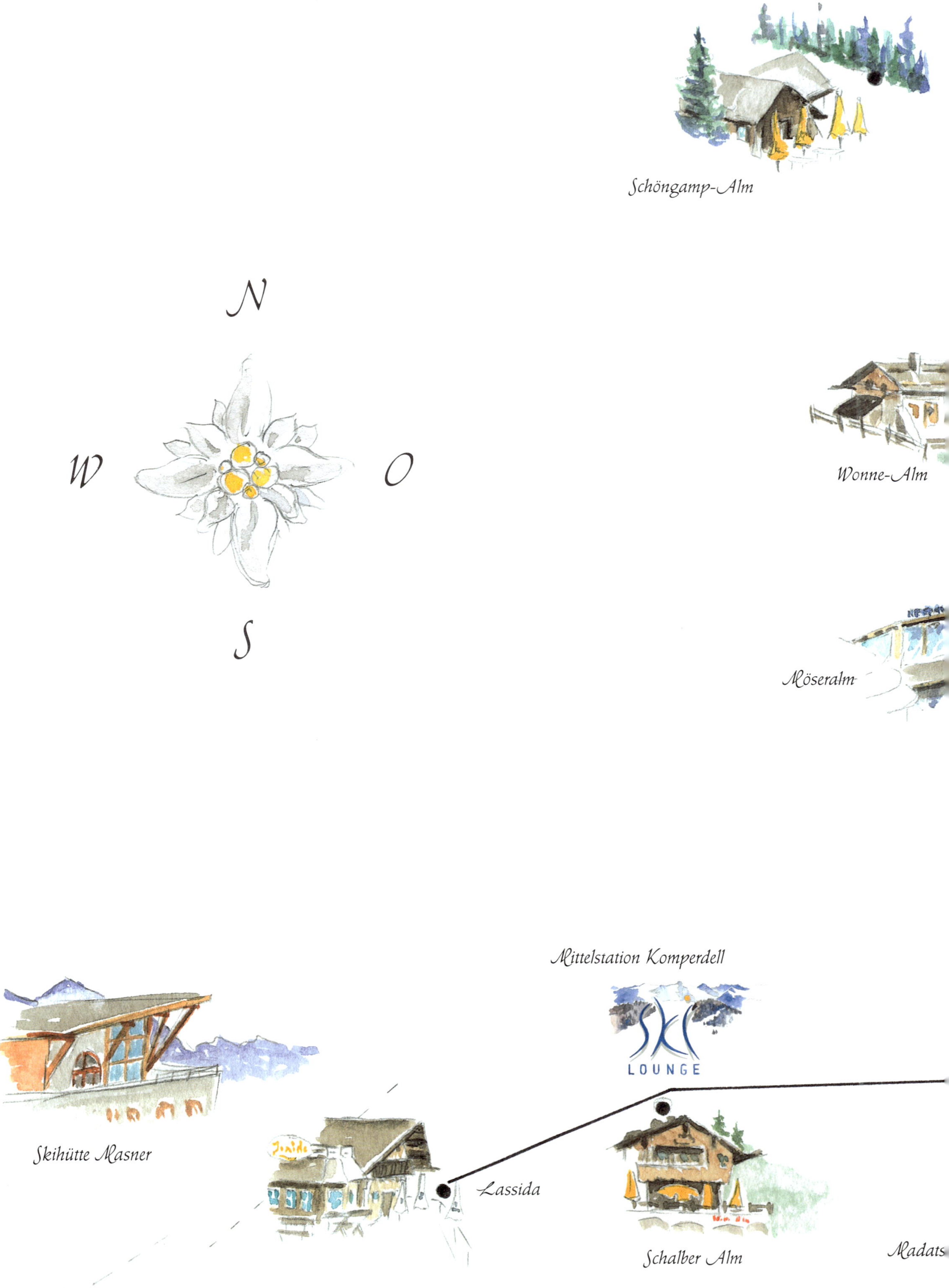
Schöngamp-Alm
N
W
O
S
Wonne-Alm
Möseralm
Mittelstation Komperdell
SKI
LOUNGE
Skihütte Masner
Lassida
Schalber Alm
Madats